Leaves
Publishing

根 以讀者爲其根本

莖 用生活來做支撐

葉 引發思考或功用

果 獲取效益或趣味

蘇東坡，你在說什麼？

王心慈◎編著
黃建中◎繪圖

忘憂草 ORANGE DAYLILY

蘇東坡，你在說什麼？

編　　著　者：王心慈
出　　版　者：葉子出版股份有限公司
發　　行　人：葉忠賢
總　　編　輯：林新倫
主　　　　編：林淑雯
副　　主　編：陳裕升
媒　體　企　劃：汪君瑜
活　動　企　劃：洪崇耀
責　任　編　輯：姚奉綺
內　頁　插　畫：黃建中
美　術　編　輯：靜薰(nana)・莊馥樺
封　面　設　計：李一平
印　　　　務：黃志賢
地　　　　址：台北市新生南路三段88號7樓之3
電　　　　話：(02)23635748　　傳　真：(02)23660313
讀者服務信箱：leaves@ycrc.com.tw
網　　　　址：www.ycrc.com.tw
郵　撥　帳　號：19735365　　戶　名：葉忠賢
印　　　　刷：鼎易印刷事業股份有限公司
法　律　顧　問：北辰著作權事務所
初　版　一　刷：2004年5月　　定　價：新台幣 280 元
I　S　B　N：986-7609-20-4

總　　經　銷：揚智文化事業股份有限公司
地　　　　址：台北市新生南路三段88號5樓之6
電　　　　話：(02)2366-0309
傳　　　　真：(02)2366-0310

蘇東坡，你在說什麼？／王心慈作.
初版.--台北市：葉子, 2004〔民93〕
　面：　公分.--（忘憂草）
　ISBN 986-7609-20-4（平裝）
1.人生哲學 - 通俗作品　　2.修身

191　　　　　　　　　　93003887

前言

　　在漫悠的中國歷史中，有些人留下的影響力既深且遠，他們的思想、智慧、勇氣、智謀、道德，成為我們學習與效法的對象。透過他們所留下來的有限文字及資料，讓我們得以速成的方式了解人生的內涵，進而正視、規劃自己的人生。

　　現在的世界，多采多姿，詭譎萬變。這是古人沒有辦法想像的。但現代人真的比古人更了解自己的世界、更洞悉生命的意義嗎？這也是現代人沒有辦法回答的。這個世界急遽發展的結果，除了速食文化之外，又讓現代人知道了些什麼呢？又懂得了些什麼呢？這又是令人尷尬、難回答的問題。

　　從此一叢書中，我們可以看到，有的先人以自己的思想著作影響世人，有的先人自己親身創造歷史，有的先人只想做天空裡的一片雲，卻不小心時時投影在你、我的心中。在歷經千年、百年後，在中國文化已然變質的今日，他們的人生依然讓我們心嚮往之，他們深藏在心底的智慧，依然以瀟灑、曠達、智詰、謀略、自然……的姿態展現在我們的眼前。

　　以一書一人物的活潑、輕鬆筆調請這些看似高居雲端的先人們走入凡間，走入我們的生活裡，一起探討我們所遺失的智慧在哪裡？我們是否太粗心，以致於讓智慧擦肩而過？我們的生活是否因為充塞了沒有生命的資訊而失去了生機？我們的人生是否應該做某種程度的調整，甚至和古聖先賢作連線？

　　《蘇東坡，你在說什麼？》一書，是以故事的形式表現，在每篇的文末皆附有小小的生活智慧，供讀者省思。先人的智慧有如流水，有的人看見水奔流不息，想到自己應該學習它，不捨晝夜地奔赴理想；有的人看見水滋潤萬物，想到自己應該效法它，源源不斷地養護生命。先人的智慧，因為有您的省思，不再是死的資訊，先人的智慧，因為有您的學習和效法，它活在您人生的每一分秒中。

王心慈

目錄

眞正的智者不輕易露白

中國古代文人的自嘲，不僅好笑、有趣，而且含蓄、有意思。

元豐六年，蘇東坡又得了一個兒子，取名遯兒。在生下三天「洗三」的時候，東坡寫了一首詩，藉以自嘲：

人皆養子望聰明，我被聰明誤一生。
惟願孩兒愚且魯，無災無難到公卿。

聰明的人多災多難，愚魯的人反而平平安安，甚至可以居高位。養兒子，又何必希望他聰明呢？

東坡是偉人、是君子，他的聰明也不是那些自作聰明之人的小機謀。他的一生正直無私、心懷磊落、才智卓絕，就因為他德太厚、才太高，所以反倒屢遭厄運。寫這首詩的時候，東坡正貶在黃州，昔日京都要人，今日形同農夫，這都因為文字之累呀！這首小詩，間或有不滿、有怨氣、有牢騷，但筆調輕鬆、幽默，在自我調侃中顯出幾分大度、幾分超脫。

從前，有個人路過杭州時，拿出自己所寫的一首詩去請教蘇東坡，並當場抑揚頓挫地朗誦起來。朗誦完後，問東坡先生：「你看我這首詩能打個幾分？」蘇東坡說：「十分，你絕對可以拿十分！」這個人見大詩人蘇東坡竟給自己滿分，簡直有點兒受寵若驚。他又問東坡：「我憑什麼能得到這十分呢？」蘇東坡說：「七分是朗誦，三分是詩，加起來不就是十分嗎？」

幽默中的諷刺，帶刺而不傷人，甚至有時候只聞花香不見刺。它不像一般的諷刺那樣暢快淋漓，而是把思想埋得很深，很深，把生活釀得很濃，很濃。

蘇東坡，你在説什麼？

生活智慧

　　曾經聽過這麼一句話：「一個人當他不是嘲笑別人，而是自嘲時，他便成熟了。」的確，自嘲是一種成熟的表現。對自己的失誤，或者失意，來一點自我解嘲，也不失為情感宣洩的一種方式。聰明、睿智的東坡先生是個真誠坦率的人，當他說別人的缺點時，幽默中有著溫和的諷刺，在不傷人的情形下，讓對方覺悟和自省，這也是一種待人的藝術。如果在我們的生活中有這樣的幽默，不是也很好嗎？

生活中
處處有幽默

我們說，沒有智慧就談不上幽默，幽默是智者心中的微笑，它表現在外的就是一種機智。

　　幽默中可以看出人的機智。才思敏捷的人，隨機應變，能言善辯，有的令人嘆服，有的奇趣橫生。東坡先生就很善於應變，在機智巧妙的對話中顯現幽默和風趣。

　　《調謔篇》中有這麼一個小故事——

　　有一天，蘇東坡問王安石東坡的「坡」字怎麼解釋。安石說：「坡者土之皮。」這當然有點開玩笑的性質。東坡反應很快，立即反問一句：「照你這麼說，滑就該是水的骨頭囉？」這可以說是用你的矛，戳你的盾了。東坡正是在機智的反唇相譏中，體悟事情的本質，顯現自己的智慧。

古代文人的機智，有時表現在善於玩弄語言技巧，特別是利用語言文字上的同音或同義的關係，造成「一語雙關」的結果，使人感到奇巧有趣。東坡就很善於運用語言技巧開開玩笑，悅人悅己。

蘇東坡常向朋友錢勰得意洋洋的誇口，說他多麼喜愛在家鄉過的儉樸生活，吃飯時只有米飯、蘿蔔、清湯，便十分快樂。有一天，錢勰請東坡吃飯，請柬上寫著：「將以三白待客。」蘇東坡從來沒有吃過「三白」這種東西，以為是什麼山珍海味。結果，作客的時候桌上只有三樣東西：白米飯、白蘿蔔、無色的湯，的確都是白的，東坡忽然想起自己的誇口，知道是朋友開了個玩笑。

過了些日子，東坡送張請帖給錢勰，請他吃「三毛餐」。朋友來赴席，發現桌上一無所有，過了好久，還沒有菜上來，錢勰抱怨說餓了。東坡笑著說：「咱們開始吃吧！不用等了，這就是『三毛餐』：毛米飯、毛蘿蔔、毛菜湯。」（毛字讀音為「沒」）幽默歸幽默，蘇東坡當然不會真的讓朋友餓著肚皮回去，玩笑之後，東坡和朋友開懷地吃了一頓盛餐。

生活智慧

幽默和機智能顯現出人性的健康與豁達，以及心智的成熟與快樂。活著，如果老是一副憂國憂民的愁眉苦臉相，或者像個榆木疙瘩，反應慢半拍，那有多無味啊！即便是名人、偉人，也不應該隨時帶著撲克牌面孔。

勇氣能戰勝心中的鬼

蘇東坡曾說過一個故事，是這樣的——

從前，四川萬縣、雲縣一帶多老虎。在一個大白天裡，有一個婦人把兩個小孩子放在沙地上玩耍，自己在河邊洗衣服。這時，有一隻大老虎從山上奔下來，那婦人頓時慌了，自己趕緊跳到水裡躲了起來，而兩個小孩不知道害怕，依然若無其事地在地上玩沙。老虎站在一旁，看了他們好半天，又走上前去用身體挨擦小孩，兩個孩子真是「初生之犢不怕虎」，玩耍依舊，一點也不覺得有啥奇怪，最後老虎終於走了。

讓我們來想一想，老虎吃人，一定是先用虎威來嚇倒對方，如果碰上不怕虎的人，虎威沒得施展，也就不吃人了。聽說老虎不吃酒醉的人，當地遇上醉漢時，一定坐在那兒守著，等醉漢清醒過來。其實，老虎並不是等人醒，而是等人怕。

有一個人，夜晚從外面回家，見大門口有個東西蹲在那兒，以為是豬或者狗什麼的，便撿起一根竹竿打牠，被打的動物逃走了，逃到山下有月光的地方，才發現原來是隻老虎。這個人並不是有什麼特別的力量可以戰勝老虎，而是他的氣勢壓服了老虎。

假使人都像小孩、醉漢一樣，不知道害怕，或者因為看不清老虎而不懂得害怕的話，人不怕虎，虎反而怕人，就一點也不奇怪了。

世間有沒有鬼神，沒有定論，但在許多人的心目中，鬼神又確實存在。

關於蘇東坡，至今還流傳著好幾個他和鬼神爭辯的故事，饒有趣味，啓人深思。

有一次，蘇東坡的小孫子說他看見一個賊往屋裡跑，這個賊看起來又黑又瘦，穿著黑衣裳。東坡吩咐僕人搜查，結果什麼也沒有找到。後來，蘇家的奶媽忽然倒在地板上，尖聲嘶叫。東坡走過去看她，她喊道：「我就是那個又黑又瘦穿黑衣的人！但我不是賊，也不是人，我是這家的鬼。如果你想讓我從奶媽身上離開，你得請個仙婆來。」

「不，我不請。」東坡很乾脆的說。

鬼的聲音緩和了一點，說：「大人如果不肯，我也不堅持。但是，大人您能不能為我唸一篇禱告文呢？」

「不行。」東坡答。

　　鬼的條件越來越低，請求的聲音也越來越溫和，鬼要求著能不能喝點湯吃點肉，東坡還是一口回絕。鬼被這個不怕鬼的人懾服了，但還是要求東坡能不能為他燒點紙錢，這樣他就滿足了，東坡還是不同意。最後，鬼只要求喝一杯水，東坡吩咐僕人：「給他。」喝完水之後，跌倒在地上的奶媽就恢復了知覺。

　　這個傳說不是正史所記，真實性當然值得懷疑，但從中我們也可以學到一點東西，所謂你不怕鬼就沒有鬼，越怕鬼就越有鬼。鬼是怕正氣的。

生活智慧

　　故事好聽不足信，但對我們的生活卻能啟發不少意義。假如把生活中的困難、危險、小人、惡人等等當作「老虎」，在精神上不為這些氣勢洶洶的「老虎」所嚇倒，我們就有可能戰勝它們。而世上真有什麼鬼的話，如果遇到鬼的人是個膽小鬼，那麼這個鬼就會得寸進尺，氣焰越來越高；如果遇到鬼的人是條漢子，天不怕、地不怕，一身正氣，那麼，鬼自己就會成為真正的膽小鬼，逃之夭夭了。

跳開原來的立場，
事情想的更透澈

有人說：「要識真面目，就得跳出山界外」。人世的所有不是山，時間卻是路，可以把現實的一切推開、拉遠。一旦推開、拉遠，許多事情也就清楚了，人也被時間敲打得聰明、成熟了。

　　蘇東坡考中進士後，當的第一個官是陝西鳳翔府的判官，他的上司是知府陳希亮。這個陳知府為人為官都還正直，也肯為老百姓幹些好事，但他是個武將，說話辦事不太講究方式。那時，東坡年方二十幾歲的小伙子，少年得志，年輕氣盛，常頂撞知府，鬧得很不愉快。

陳知府建築了一座凌虛台，讓東坡寫一篇記，東坡藉機在文中譏諷知府，陳希亮見後一笑，還是叫人把這篇記刻在石頭上。等到晚年，東坡回想起年輕時的這段經歷，說自己那個時候「年少氣盛，愚不更事」，感到很後悔，覺得對不住陳知府，而這時陳知府已去逝十多年了。平生不喜歡給人寫生平事跡和墓碑的東坡，破例給陳希亮（字公弼）寫了一篇傳記──《陳公弼傳》。

　　經歷幾十年的風風雨雨之後，再回首往事，過往的恩恩怨怨、是是非非，自然更清晰，也更客觀。

生活智慧

　　不管個人瑣事也好，社會歷史評說也罷，隔遠一點，跳開一點，許多過去看似複雜的事兒便會一目瞭然，這就像登山，登得越高，看得越遠，也看得越全。

跳開原來的立場，事情想的更透澈

平安就是福

人的一生不可能什麼事都沒有，但是，倘若一生中沒有大喜也沒有大悲，沒有大起也沒有大落，沒有大得也沒有大失，父母平安，頤養天年；兒女平安，健康成長；自己平安，夫妻和睦，這雖然不是什麼轟轟烈烈的事，但就某種意義來說，未必不是一種富貴，一種幸福。

然而，人們卻往往不能安於平淡，靜守素樸。當官的，身為科長，還一心想當處長、廳長，甚至部長；做學問的，已是副教授，還想當教授，當了教授，還想當研究所所長；經商的，賺了十萬元，還想百萬、千萬……。人的慾望哪有滿足時！

殊不知，官場非平地，有人曾叱吒風雲，弄潮於宦海，忽遭狂風巨浪，便沉屍海底。學壇非聖地，為競爭職稱，為成果勝人，學者每每英年早逝，或因心感不平，自尋短見。商界更是險惡，或樹大招風，招致殺身之禍；或身陷騙局，血汗付諸東流。

封建時代，人們追求榮華富貴，而榮華富貴給多少人帶來不幸和災難，這樣的故事說也說不盡。

韓信功績顯赫，擁兵據地，貴為王侯，但功高蓋主，很為劉邦忌憚。後來，劉邦設計捕殺了他。

石崇是晉代的大富豪，財產豐厚，室宇宏麗，窮奢極慾，終因富貴而招致殺身之禍，全家十五口人，全被處死。

皇親國戚不可謂不貴，但曹操聰明志高的小兒子曹植卻一生鬱鬱不得志，因為他的哥哥曹丕為了權力，同室操戈，叫他有志難伸。

皇帝貴為天子，權勢登峰造極，但也時時提心吊膽，怕有不測。隋煬帝就為了當皇帝，不惜殺了自己的父親。

所以，蘇東坡才說，無事就是富貴。榮華富貴，過眼雲煙；平平安安，無價之寶，你我皆當珍惜。

生活智慧

福莫大於無禍，禍莫大於求福。人的一生如果沒有災禍降臨，不是難得的幸福嗎？沒事找事，一天到晚四處鑽營的人，迷失了自己，又怎麼談得上人生的樂趣與幸福呢？

蘇東坡，你在說什麼？

炫耀的同時也彰顯了缺點

河裡有一條叫「豚」的魚，在水中游耍，游到一座橋下，一不小心撞到橋墩上。這條豚沒有立即游走，因為碰到橋墩的身子疼痛不堪，這讓牠惱火不已，張大了嘴巴，連魚翅都豎了起來，有要和橋墩一爭高低的架式。

這條魚怒氣沖沖地浮上水面，整個肚子都露在外面，好久不動。這個時候，有一隻捕魚的水鳥看見了，飛過來刁走了牠。水鳥剖其腹，把牠給吃了。蘇東坡說：「這是妄怒以招悔。」

海裡有一條叫「烏賊」的魚，在海邊噴水，這時，在附近的海岸邊，有一隻海鳥正在戲耍。這條魚本來是為了怕其他東西看見了自己，才噴水遮蔽自身的，不料適得其反，海鳥看見噴水，起了疑心，朝這邊一看，原來是一條魚，飛過來就抓住了牠。烏賊只知隱蔽自身，以求自保，全然不知消除蹤跡，以杜懷疑。

人活在世上，有心想避禍，還不如無心而任運。天要下雨、娘要嫁人，該怎麼辦就怎麼辦吧！千尺高的參天古樹，會被斧頭砍倒；而一寸長的小草，又免不了被人畜踐踏。晉國的將軍畢萬，勇敢善戰，七次大仗都打勝了，卻偏偏死在自家的窗前；蜀國的將軍費禕，從容坐談，結果被刺客殺了。人啊！遇到危險，處之泰然，災禍未必真正發生；一心保命求安，卻未必真有福運。東坡說：「這話可算是達者之言了。」

然而，宋明帝卻偏偏殺了王景文，殺的理由是：「不是說你有罪，但我不能一個人去死，請你先行一步。」皇帝要死了，找個墊底的，這真荒謬！

詔書下時，景文正在與客人下圍棋，他看了詔書後先放在一邊，繼續下完棋，然後慢慢地將棋子裝到盒子裡，再不慌不忙地對客人說：「皇帝有詔書，要賜我一死。」

　　毒酒到了，還沒飲，這時門生焦急地在旁邊，取過酒要倒掉，並說：「大丈夫怎麼能坐著受死呢？！州中的文臣武將，可以起來奮力一拼。」王景文說：「你的一片至誠我心領了，如果真的掛念我，就請你在我死後關照一下我家老小。」說完，他接過酒，對客人說：「這酒不能勸你喝了。」於是，仰起脖子，把酒一飲而盡。

炫耀的同時也彰顯了缺點

對於生死，東坡在黃州時曾說：「我雖又老又窮，但道理貫心肝，忠義填骨髓，對死和生的問題，應該一笑置之，不必介意，若遇到窮困就憂心鬱結，那就和不學道的人差不多了。」東坡也可謂真正的達人了。

本來想要掩蓋自己，結果反而更加顯露出來。欲蓋彌彰，弄巧成拙。魚這樣，人有的時候又何嘗不是這樣呢？炫燿自己的優點，反倒彰顯自己的缺點；一再表明自己的清白，結果讓人看到的是不清不白。觀魚看己，能不有所警惕嗎？！事實上，千尺高的參天古樹，會被斧頭砍倒；而一寸長的小草，又免不了被人畜踐踏。死亡隨侍身側，不從容，又如何？

退一步想，天地更寬廣

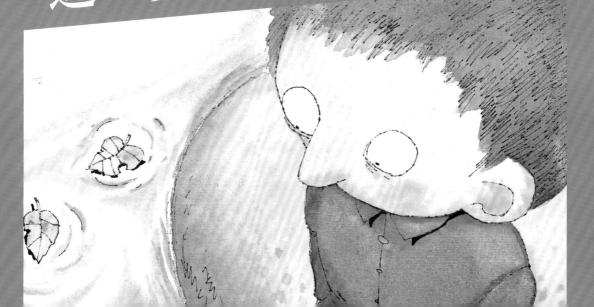

《列子》上這麼說——

　　有一天孔子遊覽泰山，看見榮啓期穿著粗糙的皮裘，腰間繫著繩子，在郕邑郊野中行走，他一面彈琴，一面唱歌。孔子問他：「您這樣快樂，爲的是什麼呢？」榮啓期回答道：「讓我快樂的原因很多，自然生育各樣的飛禽走獸、昆蟲魚蝦，只有人最尊貴，我竟能夠做人，這是第一種快樂；人有男有女，男的尊貴，女的卑賤，我生而爲男，這是第二種快樂；人生下來，有的沒有看到日月便夭折，有的還沒有脫離懷抱便死了，我卻活到九十歲，這是第三種快樂。貧窮是人的一般情況，死亡是人的必然結果，安於一般情況，等待必然結果，還有什麼憂愁呢？」孔子聽了讚嘆道：「妙啊！這是能夠自我寬解的人。」

這個榮啓期大概就是我們常說的「窮快活」。窮快活是不是有一點阿Q精神呢？是不是有一點自欺欺人的味道？當然是有一點。但是讓我們想一想，在無可奈何的情況下，窮而快活，不是比窮而愁苦更好些嗎？

　　我們並不主張一切認命，或者是逆來順受，也就是說，只要有一線希望，我們就要百倍的努力。但是，生活中有些目標怎樣努力也無法達到；有些苦難怎樣掙扎也無法逃脫；有些損失怎樣痛苦也無法挽回。在無法改變的命運前，順應自然，保持平穩的心情，這對求生存是有很大的幫助，就像水之順應方圓，人也要隨時隨俗，自得其樂。

　　所以，東坡落魄山野，粗茶淡飯吃得香噴噴，羊骨頭也啃得津津有味。東坡說：「嶺外貶地與通都大邑並沒有多大的區別，瘴癘害人，但別的地方也照樣生病；這裡缺醫少藥，但國醫手中也有死人。」

　　退一步想，天地更寬廣，逆境也就不那麼可怕了。

生活智慧

　　我們並不主張一切認命，或者是逆來順受，也就是說，只要有一線希望，我們就要百倍的努力。但是，生活中有些目標怎樣努力也無法達到；有些苦難怎樣掙扎也無法逃脫；有些損失怎樣痛苦也無法挽回。在無法改變的命運前，順應自然，保持平穩的心情，這對求生存是有很大的幫助。畢竟窮而快活，要比窮而愁苦好太多了。

欲望不能跟著感覺走

東坡看待性詼諧、實在，在他所著的《東坡志林》裡，記載了這樣的一件事——

有一天，唐太守來看貶在黃州的東坡，張通判也在，他們幾個人一起去遊覽一個寺廟。走累了，在寺廟旁的石凳上坐了下來，彼此閒聊著，聊起了養生的事兒。東坡說：「這調氣養生的事呀！別的都沒什麼，唯有去慾最難。」張通判接過話說：「就是呀！從前蘇武被匈奴抓去了十九年，十九年的時間有多長呀，他吃雪、吃草，受盡了千辛萬苦，不屈服就是不屈服，可以說是把生死置之度外了。但這樣一個有氣節的硬漢子，還是免不了和匈奴女子生了個孩子，可見得消除色慾實在不容易。」

東坡晚年時對道家的長生術很感興趣，大約是從紹盛二年開始，他獨眠，不再接近女人。他說：「養生也沒有什麼特別的方法，安寢無念，神氣自復。」他在給一個朋友的信中說自己已經獨眠一年半了，覺得非常好。他說節慾之難，就好像喜歡吃肉食的人開始吃素。他勸朋友這樣吃素：「一開始，不要斷然就決定從此以後再也不吃肉，可以先試戒三個月看看，三個月以後，再延長三個月，如此下去，吃素就不難了。」

七情六慾未必都是洪水猛獸，但過當的慾望的確是壞事。過當的物慾可以導致竊盜貪污，攔路搶劫；過當的色慾可以使人強姦婦女，行凶作惡；過當的權慾可以促使人們大搞陰謀詭計，攪得國無寧日。所以，無論是為了個人修身養性，或是促進社會健康發展，節慾都是有必要的。

我們雖然不贊同「人的一半是野獸」的說法，但平心而論，人既然是高等「動物」，多少都有動物的屬性。如果一味地跟著感覺走，放任自己的種種欲求，那麼人就可能會像一匹無韁野馬，橫行無羈。人是動物中最文明的，一旦變得像野獸一樣，那一定是動物中最野蠻的。

節慾，並不意味著禁慾。如果人人都「無為」、「無慾」，那誰還會去求創造、求發展呢？慾望不可以沒有，但又不可以放縱，最好的方法就是節制慾望。在滿足自身的慾望時，不妨想一想，這樣的行為是否正當？是否可以為別人帶來好處？這樣的話，七情六慾就真的不會是洪水猛獸了。人的有些慾望，可以說是一種本能的要求，禁止它幾乎是不可能的事，但過當的慾望的確是件壞事。所以，為了個人修身養性，也為了促進社會的健康發展，節慾都是有必要的。

分享的快樂加倍

蘇東坡與酒有不解之緣，且頗能體會飲酒的真趣。他在《書東皋子傳後》中說：「我喝了一整天的酒，也不超過五合，就算天下最不能飲酒的人，恐怕也比我能喝。然而，我很喜歡與人飲酒，看見客人舉杯徐飲，我心中酣暢甚過飲酒的客人。閒居的時候，家裡幾乎每天都有客人，客人來了，沒有不置酒的。天下最喜好飲酒的人，其程度恐怕也不在我之上。」

「人們常說，真正的快樂莫過於身體健康、心中沒憂愁。可惜我沒有這兩樣東西。但如果別人無病無憂來我這兒，我能不成全他快樂嗎？」

「我時常備有一些好藥，有人要我便送給他，我還特別喜歡自己釀酒，用來招待客人。有朋友這麼說：你沒有病卻準備這麼多藥，酒量不大卻釀造這麼多酒，為了別人卻累了自己，何必呢？我笑著答說：病人得藥，就像我自己有病得了藥一樣；看見喜歡喝酒的人喝了我的酒，就像我自己也喝了好酒一樣。所以，我蓄藥釀酒是為了自己，在別人的快樂和滿足中，我也得到了愉悅。」

以自己的歡樂為歡樂，那歡樂會很少；以朋友、他人、眾人的歡樂為歡樂，那歡樂才更多。

古時候的讀書人，不是隱居，就是當官。做官顯赫、實惠，但忙忙碌碌、身不由己；隱居孤寂、清貧，但隨心所欲、自由自在。東坡不是隱士，但對隱居的快樂領會甚深。

東坡在徐州當太守時，寫過一篇《放鶴亭記》，寫的是當地的隱士——號稱雲龍山人的張君，在山上蓋了一個亭子的軼事。

這彭城山的山崗，峰巒環繞，高高聳立，就像個大鐵環。這個像圓環的大山獨獨西邊有個缺口，隱士的亭子正好就蓋在這缺口處。每當春夏之交，草木與天相連接，而冬秋雪月，千里一色。陰晴風雨，瞬息之間，變化多端。

隱士有兩隻鶴，馴養得很好，很會飛。每天一大早，隱士就在山的缺口處放飛二鶴，任憑牠們自由翱翔。兩隻鶴或者飛到池沼中，或者在藍天上，一到傍晚，牠們又都飛了回來。

東坡曾經到這放鶴亭上，邊飲酒，邊和隱士聊天。東坡說：「隱居真快樂呀！即使貴為君主，也換不來隱居之樂。《易經》上說：大鶴在背陽的地方鳴叫，小鶴唱和著。《詩經》中也有這樣的句子：鶴在深澤之中鳴叫，那聲音遠遠地傳到空中。這野鶴，清遠閒放，超然於塵垢之外。難怪人們用牠來比賢人君子呢！」

人們今天一提起「閒雲野鶴」，就會不由得想起山中林泉的隱士和「自由自在」這個名詞。如今我們已經很難見到什麼隱士了，隱士的快樂也只能想像。

生活智慧

飲酒之樂與酒量的大小沒有關係，酒中真趣，貴在個人的體悟。如何達到「別人入醉鄉，我亦入樂境」的境地，就關乎個人的人生品味了。人們時常羨慕所謂的名人或大人物，不安於做一個默默無聞的尋常百姓。其實尋常百姓可以縱情隨志，可以保全真性，尋常百姓自有尋常百姓的自在和快樂。

分享的快樂加倍

不以自己的標準為標準

有這麼一則笑話——

五代的時候，南平國（今湖北江陵）有個官員叫李戴仁。這個人性情迂腐，平生最不喜歡吃豬肉，一吃便吐，難受極了。

有一天，他正準備去見上司，剛跨上馬要走，卻有兩個僕從打起架來，這可把李戴仁氣壞了，他決定要重重地懲罰他們一下。心想：「打板子，這對他們來說不過是家常便飯，今天必須給他們點大苦頭吃，才好懲一儆百。」於是，他立即叫人到廚房去取來幾張大餅，又端來一鍋燉豬肉，然後讓兩個僕從用大餅捲豬肉，臉對臉地跪在地上吃。李戴仁見兩個僕從嚼著燉肉，心裡好不解氣，他還洋洋得意地對眾僕說：「看見沒有？今後誰要是敢胡鬧，除了吃這個，我還要外加兩張脂油餅，一碗四喜丸子！」

李官員罰人吃肉鬧了個笑話，他之所以可笑，是因為他不顧周圍的客觀現實，全憑主觀和個人感受來處理問題。

在實際生活當中，那種以個人的是非好惡為標準，去規範別人、要求別人，比起罰人吃肉來要有害得多。王安石就有這樣的毛病。

王安石是北宋著名的政治家、文學家。他主張變法，廢除詩賦、明經等科舉考試科目，專門以經義、論、策取士，他自己寫作了三經《詩》、《書》、《禮》新義，作為科舉考試的統一標準。

蘇東坡批評他說，現在文字的衰落，王安石要負很大的責任。王安石本人的文章不能說不好，但他的毛病在於喜歡別人跟他一樣。相比之下，孔夫子就很明智，他從不勉強別人，顏淵和子路都是他的學生，一個仁，一個勇，孔子讓他們保持自己的本性和特點。現在，王安石為文治學「好使人同己」，天下的文章單一雷同，也難怪文壇凋蔽了。

肥沃的土地所生長的植物，種類繁多，只有荒僻、貧瘠的鹽鹼地，滿眼都是黃茅白葦，沒有什麼區別。文章的園地也是一樣，空氣自由，環境寬鬆，百

花齊放，園地自然萬紫千紅，美不勝收；反過來
說，如果求同斥異，統一標準，那麼這園地就非
常單調了。

　　蘇軾懂得這個道理，他雖為文壇領袖，但並不
使人同己，所以「蘇門四學士」（黃庭堅、秦少游、
晁無咎、張丰）的文章風格個個不一。《論語》中
說：「君子和而不同，小人同而不和。」「同」是盲
目地附和別人，沒有自己的主張，「和」是指一方
面堅守自己的風格，另一方面又能與周圍的人相互
協調。孔子的話，適合於為文治學，也適合於其他
的人生領域。

人，不能以自我為中心，讓別人繞著自己轉，讓整個世界只有自己的色彩；人，也不能認為自己的最好，而取笑別人的愛好、興趣，甚至職業。世界是個大宇宙，每個人是一個小宇宙，無論是大宇宙，還是小宇宙，一樣的豐富、多樣、變化無窮。尊重自己、尊重別人、尊重自然的規律，世界更絢爛多姿，人類更和諧美好。

　　人，不自覺地活在自己的色彩中，也常常鬧笑話，就像「李官員罰人吃肉」一樣，不管為人、處世，全憑自己的主觀和個人感受，忘了黃茅白葦哪有百花爭豔來得美麗。

能讓你感動不是山水，而是心

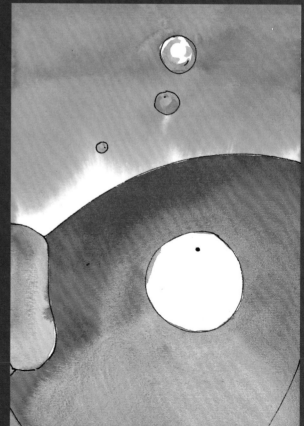

人是萬物的靈長，人是世界上唯一能創造美、欣
賞美的生物。然而，芸芸眾生，千差萬別，有的人，
面對風景如畫、美不勝收的大自然無動於衷；有的
人，面對一山一水、一枝一葉，處處見美，驚嘆不已。
面對自然、生活中的美，人們要怎樣才能把握它、享受它呢？

　　有一題為《孤舟獨影》的小品，別具趣味。作者是這樣描述的：「釣魚是我最喜愛的消遣，我經常垂釣好幾個小時而一無所獲，不過，這並不使我發愁。有些釣魚的人運氣不佳，他們釣不到魚，卻釣到了舊靴子和垃圾。我的運氣更不濟，連舊靴子也釣不到，不知在河上度過了多少個早晨，我老是拎著空袋子回家。『你不該再去釣魚了！』朋友們都說：『那是浪費時間。』但是，他們沒有認識到很重要的一點——我對釣魚並不真正感到興趣，感興趣的只是坐在船上無所事事而已。」好一個「無所事事」！

　　蘇東坡在《與范子豐書》上說：「江山風月，原本沒有固定不變的主人，閒者便是主人。人們只有具備了閒適空靈的心境才能欣賞自然美。對於有閒情逸致、懂得欣賞美的人來說，一片樹葉就是一首詩，幾聲蟲鳴就是一首曲。鶯飛草長，落木蕭蕭；潮起潮落，月圓月缺；世界是多麼奇妙，生活是多麼美好呀！」

　　東坡《記承天寺夜遊》一篇只有八十四字的隨筆，於平凡處顯美妙。

　　他這樣寫到：「元豐六年十月十二日夜，解衣欲睡，月色入戶，欣然起行，想到沒人可與自己一起領略這月夜，便到承天寺，找友人張懷民。懷民也沒睡，兩人便在中庭散步。庭院中的月光，宛如一泓積水，清澈透明，水中藻、荇交錯，原來是竹子、柏樹的陰影。夜晚月亮高掛，處處竹柏，但清閒少事、能從容賞景的人卻不多。」

　　皎潔的月光、深邃的夜空、和煦的春風、暖暖的冬陽……造物主把這一切賜給你、賜給我、賜給他、賜給芸芸眾生，絕無偏心。但對於同樣的自然美景，鑽營世事或煩惱纏身的人無緣欣賞；為生存而掙扎的人也無暇顧及，只有悠閒的人才能成為江山的主人。

能讓你感動不是山水，而是心

今天，當我們不至於為基本的物質生活憂愁的時候，多一點對生活的熱愛，多幾分閒情逸致，懂得品味生活、品味自然，不是很有意思嗎？

一片樹葉一首詩，幾聲蟲鳴一首曲。不管你現在正在做什麼，放下書本，放下工作，走出戶外，做一個「從容賞景」的人。此時的你，山水不在你的眼中，而在你的心裡；此時的你，感動的不是外在的山水，而是你那顆能感動的心。

笑笑看世界

有人說，只有那些淡泊名利、超然脫俗的人，才能真正理解幽默、創造幽默；有人說，只有那些飽受憂患、思想深邃的人，才能真正體會幽默的深厚含意，並在苦澀中發掘出幽默的甘泉。

幽默當然不是耍嘴、逗樂子，幽默也不是無聊的滑稽取笑，幽默是「痛苦與歡樂交叉點上的產物。」幽默顯現出人的曠達。

曠達的人以嚴肅的態度對待人生，以輕鬆的態度對待自己，曠達的人最懂得幽默。蘇東坡就是這樣的人。

蘇東坡被流放到海南時，生活艱苦得很。海南當時被看作是蠻荒瘴炎之地、死囚流放之所，照蘇東坡的說法，這裡的生活是「食無肉，病無藥，居無室，出無友，冬無炭，夏無寒泉」，東坡精神上的創痛可想而知，但他仍能以曠達的胸懷接納這生活的重擊，即便是在這荒島上，他仍保持著樂觀、幽默的個性。

東坡喜歡吃海南的牡蠣，便忙不迭乎地寫信給他的兒子蘇過，對他說：「這裡的牡蠣味道好極了，你千萬不要讓京城裡的士大夫們知道了，否則，那些沒吃過海南牡蠣的京城官吏聞訊都要求調到海南來，我就沒法獨享牡蠣的美味了。」

曠達的人，才能平靜、詼諧地對待成敗、榮辱、生死與名利。曠達的人，才能微笑地迎接人生的風風雨雨。

東坡被貶謫到黃州的時候，自己開荒種地，這對一個昔日官位顯赫、生活優渥的士大夫來說，是一件很不容易的事。有一年，東坡收了二十多石大麥，賣掉呢？價錢太便宜，捨不得，恰巧這時大米也吃完了，東坡便讓人把大麥舂了做飯吃。大麥是粗糧，用它做出來的飯，甘酸浮滑，嚼起來嘖嘖有聲，小孩子們相互調笑，說是嚼虱子。有一天，東坡讓廚子將大麥摻和小紅豆做飯，結果很有味道，蘇夫人大笑說：「這真是新樣二紅飯。」小事一樁，蘇東坡把它記了下來，且寫得情趣盎然。

東坡晚年被貶到蠻荒的惠州，這裡的市井蕭條，但每天總還要殺一隻羊，東坡向來愛吃肉，所以常去買羊肉。他自然不能跟走紅的官家攀比，買肉的時候，叫屠夫砍一塊脊骨。東坡說：「這骨頭間也有一點肉，把它煮熟了，趁熱濾乾撈出，然後把它泡在酒中，放少許鹽，烤到稍微發焦吃它。抉剔一天，在筋骨結合之處，剔得一點點肉，就像吃蟹鰲，很有意思。」東坡最後開玩笑地說：「如果人們都照我的辦法去吃羊骨頭，狗就沒得骨頭啃了，牠恐怕會不高興吧？」

笑笑看世界

在艱難困苦中還能保持達觀與幽默，在諸般橫逆中仍不失輕鬆和愉快，這只有了悟人生的人才能有這樣的境界。人，如果有所求，既怕失去高官厚祿，又貪慕榮華富貴，一旦遇上險境，心有所懼，就會如履薄冰般地戰戰兢兢。人，如果無所求，視功名如浮雲，觀金錢如糞土，那麼，即便身陷困境，也能怡然自樂。

—
蘇
東
坡
，
你
在
說
什
麼
？

生活智慧

　　幽默是需要培養和學習的，尤其是在面對生活中的種種不幸時，更需要培養出一套想得開、看得穿、提得起、放得下的本領，再加上幽默的態度，世界上就沒有什麼事會讓你笑不出來了。做一個曠達的人吧！就從今天起。人，生活在世上，有時苦惱，有時失敗，有時困頓，不可能總是一帆風順，這個道理再簡單不過，人人都懂，但遇到不順心的事，或處在艱難的狀況，並不是人人都能夠處之泰然，應付自如。蘇東坡的人生思想能給身處逆境的人們頗多省思。

虛心才能接納更多

蘇東坡寫了一首詩給佛教界的朋友，詩文如下：

欲令詩語妙，無厭空且靜。
靜故了群動，空故納萬境。
閱世走人間，觀身臥雲嶺。
鹹酸雜眾好，中有至味永。
詩法不相妨，此語當更清。
　　　　——《宋參寥》

晚年的他追慕一種超逸的藝術境界。在美的創造上他提出了一個很有名的觀點——靜故了群動，空故納萬境。

創造任何美的事物，心要靜、要空，寫一首好詩也是這樣。「靜」可以免除外界的種種干擾，在凝神靜氣下觀察、思考外物，這就是「靜故了群動」；「空」可以容納宇宙萬物於一懷，而又不滯於物，這就是「空故納萬境」。

俗話說：「火要空心，人要虛心」。這個「虛」可以是謙虛，也可以是虛靜、空寂。從後一種意義來理解，這「虛」和東坡的靜與空差不多。從事藝術創造的人，需要的是一種空靜的心靈狀態，俗務紛雜，利害、得失纏身的人，是很難凝神專注於藝術創作的。比如說繪畫，首先畫畫的人要人品高、內心清靜、沒有庸俗的名利考量，然後才有機會創造出上乘的佳作。古人說「詩品出自人品」，陶淵明的「心遠地自偏」，以及東坡論書法說的「心正則筆正」就是這個道理。

寬厚與大度，不僅是一種待人的態度與方式，而且是一種胸襟、一種境界。

呂蒙正是宋太宗的宰相，他在很年輕的時候就被任為副宰相，年少得志，難免招忌。有一次，當他列席朝議的時候，群臣中有人突然嘲諷：「這麼年輕就當副宰相……？」呂蒙正裝著沒聽見，從從容容地從列隊中走過，同僚中有人為他打抱

不平。退朝以後，這個同僚還不忘這事，建議呂蒙正探出那個嘲諷他的人，呂蒙正卻說：「不用了，還是不打聽的好。如果知道是誰，心中難免耿耿於懷，不知道的話，也沒有什麼損失。」

生活中有許多事情都是這樣的。水太清了，魚不能活；人太過於計較，一點小事就窮追不放，只能小事變大，弄得不堪收拾。對人大度，不計小過，於人於己，於公於私，都是利多弊少。

蘇東坡年輕時有一個朋友，叫章惇，這個人後來當了宰相，執掌大權。在他當政時，把蘇東坡發配到嶺南，對於這樣一個幾乎將自己置於死地的人，東坡也以大海般的胸懷寬恕了他。當東坡遇赦北歸的時候，張惇卻倒了楣，被貶到嶺南的雷州半島。當東坡聽到章惇被放逐的消息，在給人的一封信上寫到：「知道章惇到雷州後，好幾天我都很感嘆。這麼大的年紀浪跡天涯，心情可想而知。好在雷州海康一帶雖然偏遠，但無瘴氣。」希望能藉此開導他的老母親。東坡還對張惇的兒子說：「過去的不愉快再提它也沒有益處，多想想以後吧！」

當然，並不是每一個人都能有蘇子的海涵，也不是將軍、宰相的心胸就能海闊天空，但人人都應該學習這樣的寬厚與大度。

生活智慧

　　詩道也是人道。東坡談文藝創作上的空靜，同樣可以用在為人處世上。我們常說做人要「虛懷若谷」，這個「虛」不正包含了空與靜嗎？心胸要像山谷那樣深且廣，既能明察秋毫，又能海涵萬物，這樣才能容事，又容人。人們常把「量小非君子，無度不丈夫」的後半句錯寫成「無毒不丈夫」，真正的君子，真正的大丈夫，絕對不是心狠手辣的人，也不是心胸狹小的人。真正的君子、大丈夫，寬厚又大度。

把財當柴，丟了也不用傷心

有一回，東坡的朋友不幸丟了官，東坡這樣勸勉他：「你丟了烏紗帽，有什麼人比你自己悲傷還來得更悲傷呢？有人像你的父兄妻子一樣悲傷嗎？恐怕是沒有。你自個兒如此傷心，是因為計較得失而陷入迷惑中；家人如此傷心，是因為對你的愛使他們陷入迷惑中。倒是那些不相干的外人，因為沒有什麼迷惑，自然就不悲傷了。」

　　「迷惑則悲傷，不迷惑就不悲傷。迷惑正確呢？還是不迷惑正確？人到底應該持怎樣的態度呢？如果不迷惑是正確的，那麼不悲傷才是對的。」

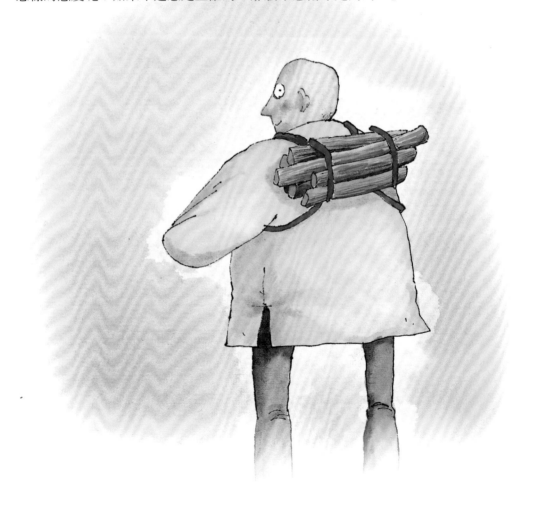

「其實，即便丟了官，你又何嘗沒有快樂呢？對我來說，你之所以是你，難道全是由於你的官銜嗎？如果不是，那麼你之所以是你的東西依然存在，那當然值得快樂與慶幸的了。」

「現在你不快樂，悲傷得很，你的親人見你這樣，也高興不起來，而你的敵人見到你痛苦，他們反倒幸災樂禍。若你對自己的得失採取一種超然的態度，那些因愛你而悲傷，或者因恨你而高興的人，對你的認識就很膚淺了。只有那些知道你之所以為你的東西還在的人，才算真正深刻地認識你。」

一個人，如果懂得錢財、官位、爵祿這些東西都是身外之物，而不是人最根本的東西，那麼，他就可能長長久久地遠離悲傷，與快樂相伴了。

東坡的看法是很達觀的。一般來說，任誰碰到錢被偷了，家裡著了火，工作丟了等等事兒，很難不煩惱、不悲傷，但事已既成，木已成舟，過分耽溺於悲傷，於事無補，這時候何不想想東坡的話。

俗話說，留得青山在，不怕沒柴燒。如果我們把金錢、財產、官階這些東西當作「柴」的話，那麼，丟了官也只不過是丟了幾根木柴棒子罷了，有啥值得悲傷的呢！

智者說：「丟了錢財，損失很小；壞了身體，損失很大；若失去了精神，便一無所有了。」精神是人最根本的東西，沒有精神支柱的人，患得患失，既有的東西也會喪失；富有精神力量的人，超越得失，失敗了也能東山再起。這樣的人，悲傷遠離，快樂常存。

就能走出牛角尖
懂得自我寬解，

俄國文學家契訶夫的一篇文章《生活是美好的 —— 對企圖自殺者進一言》是這樣寫的 ——

生活是極不愉快的玩笑，不過要使它美好也不是很難。為了做到這點，光是中頭彩、得勳章、娶個漂亮女人，是不夠的，因為這樣的福分無常，而且容易習慣。為了不斷地感到幸福，那就需要懂得知足，懂得體會：「事情本來可能更糟呢！」做到這一點，一點也不困難。

你這樣想想吧！

如果火柴在你的衣袋裡燃了起來，你應該感到高興，而且感謝上蒼：多虧你的衣袋不是火藥庫。

如果窮親戚找上門來，你不要臉色發白，而要喜氣洋洋地叫道：真好，來的不是警察！

如果你的手指頭被一根刺扎到，你應當高興才是：幸好這根刺不是扎到眼睛！

如果你的妻子或者是你的小姨子在練鋼琴，你不要發脾氣，而要感謝這份福氣：你是在聽音樂，而不是在聽狼嚎或貓叫。

你該高興，因為你不是拉長途的馬，不是毛毛蟲，不是豬，不是茨岡人牽的熊，不是臭蟲……你要高興，因為眼前你沒有坐在被告席上，也沒有看見債主在你面前……。

如果你有一顆牙疼得厲害，你應該感到高興：還好不是滿口牙疼。

你該感到高興，因為你居然不必坐在垃圾車上，不必一下子跟三個人結婚……。

如果你被送到警察局去，那就該樂得跳起來：還好沒有被送到地獄去！

如果你被棍子打了一頓，那就該蹦蹦跳跳叫道：我是多麼幸運呀！人家總算沒有拿帶刺的棒子打我。

如果你的妻子變了心，那就該高興：還好，她背叛的是你，不是國家。

依此類推……朋友，照我的話去做，你的生活就會歡樂無窮了。（見《善人集》）

懂得自我寬解，就能走出牛角尖

人，對於無可奈何的事情，要拿得起、放得下、想得開。人們常說：「要會想」，這是很重要的。所謂會想，也就是自我安慰、自我寬解。

東坡被貶到長江邊的黃州時，自我安慰說：「這江水差不多一半來自自己家鄉峨嵋山所融化的雪水，天天飲長江水，不是像在故鄉一樣嗎？」被貶到海南島時，苦得不能再苦，東坡卻這樣說：「還好這裡沒有瘴氣，民風也很淳樸。」東坡是一位很會想、想得開的人。

生活智慧

遇到不幸的時候，你會不自覺的老想著：「事情本來不應該是這樣的！」你越是這樣想就越痛苦。你若想著：「本來可能比現在更糟糕！」你這樣想時，就會輕鬆多了。讓我們做一個會想的人吧！

無爲的

思考最健康

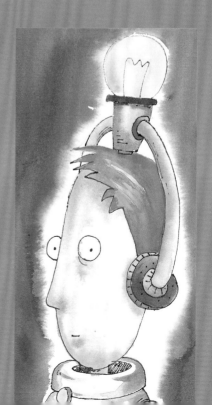

蘇東坡的一位朋友蓋了幾間房子，取名叫「思堂」，意思是自己的所作所為一定思而後行。朋友請東坡為思堂做記，東坡卻反其意而為之，他說自己遇事則發，並不想那麼多。

他還引了一個隱者的話：「小孩子的稟賦接近道，因為少思考少欲求的緣故，而思考與欲求二者，前者更為有害。」隱者打了個比方：「在屋裡有兩口水缸，都裝滿了水，其中一口有一個像螞蟻大小的漏洞，慢慢地漏水；另一口每日取出一升水倒掉。這兩口缸的水，哪一口先乾呢？肯定是那個有小漏洞的。思慮害人，正像那小小的蟻洞。」

可見，不思遠勝於思。如果一個人，心中空虛而能明亮，萬物皆一而能貫通，安祥而不懈怠，不居處而能安靜，不飲酒而醉，不閉眼而睡，這就算獲得了不思之樂。這種不思並不是沒有思考，而是不思之思。

東坡說，朋友的思堂之思是《易》上要求的無為之思、《詩》上說的無邪之思，而不是世俗的營營之思。

一個人做好事時，心中想的是受表揚，那麼這好事就不好了；一個人捐貲興學，在意的是豎碑立傳、青史留名，這善舉之中便有不善的成分了；而發明家，一門心思在專利；寫文章的，滿腦子盡是稿費……如此等等，這大概就是所謂世俗的營營之思了。東坡說的不思，就是要去掉這種種世俗的營營之思，而做到真正的不思之思。

生活智慧　孔子講思而後行，這思應是超越個人功名利祿，這種思與東坡的無思之思是可以並存的。事實上，人遇事處世不可能絕對無思，關鍵在於你思什麼，怎麼思。細細體會無思之思的樂趣，它就在你的日常生活中。

追尋結果的同時，
更要體驗過程

東坡貶居惠州時，有一次遊松風亭。這個亭子在山上，東坡爬山爬了好長一段時間，累得腰酸腿痛，心想就在這林子裡歇會兒。抬頭向高處遠望，松風亭好像高高地掛在樹梢上，還遠著啦！東坡想這麼高什麼時候才爬得上去呀？過了一會兒，他好像恍然大悟，說道：「這裡又有什麼歇不得、遊不得呢？難道非要上亭子不可？」這樣一想，他猶如已上鉤的魚忽然解脫了。他想，人們如果悟到這一點，就是上了戰場，兵陣相接，鼓聲如雷，前進可能死於敵人手下，逃跑則可能被軍法處死，這時，好好歇息一番又何妨呢？

我們可能都有過這樣的經驗：去爬一座名山，一路上直奔山頂，為的是別人說頂峰的雲海特別迷人，為的是炫耀自己的好漢氣概，沿路的風光不在我們的眼裡，上了頂峰，一身疲累，滿頭大汗，才發覺不過爾爾。

如果換一種方式，不特意為自己訂個目標，而是走到哪兒算哪兒，走到哪兒玩到哪兒，不慌不忙，一路走去，這時，你會發現處處美景，處處驚喜。

人生的路，有點像旅遊，要觀光的景點很多，在努力奔波賞景的同時，歇息一番又何妨？

東坡在他坎坷不平的一生當中始終能淡泊自持、喜樂如常。在封建社會中，這樣的被逐之臣是不多見的。「一蓑煙雨任平生，休將白髮唱黃雞」，不避風雨、聽任自然、樂觀不懼、等待事物變化，是他處逆境時的基本態度，也是他最主要的精神支柱。

東坡不是哀樂不入、無是無非的虛無主義者，他是一個熱愛人生、知命、達觀的人。東坡在他的《妙墨亭記》中詮釋所謂的「知命」。他說：「我認為所謂的知命，是一個人必須盡到他最大努力，然後不管是成或是敗，心中了無遺憾。事物有成也有壞，就如同人有生必有死，國家有興也有衰。人的一生儘管是這樣，但是，君子養身，凡是可以讓自己延緩死亡，甚而長壽的辦法，都要儘量去使用；治理國家時，凡是可以讓它生存、發展，避免它滅亡的辦法，也都要盡力採用，直到無可奈何才罷了，這就叫知命。」

由此可以看出，東坡的「知命」與「認命」是兩回事兒。知命，是知道世間的事事物物無不處在矛盾、變化中，政治上的風雨、個人的榮辱得失，也不是固定不變，

世界上沒有任何一樣東西是可以久存不變的。人，失於此，得於彼，再自然不過，但這絕不是聽天由命，而是堅持自己的志向，努力不懈，最後，事雖不成，也了無遺憾。

　　東坡一生堅守儒家在事君、做人等方面的理想和道德，且竭力勉為，但對個人的窮通得失卻相當豁達。無論在朝廷或在地方官任上，他都能做到不隨人俯仰、不看重利祿，為官一任、造福一方。有時他明知自己的意見不會被採納，甚至會影響自己的前途，仍然毫不隱瞞自己的觀點。由於他堅持理想，不緘口隨眾，而累遭打擊，但他仍不後悔，失意而不失其正、窮而不忘道，在朝憂民、在野憂君，矢志不渝。如果說，隨遇而安是「窮則獨善其身」，那麼，知命則是「達則兼濟天下」了。

蘇東坡，你在說什麼？

　　常聽人說，過程就是一切，人生的真正價值和意義不在最後的結果，而在追求和奮鬥的過程，東坡說的知命也就是這個意思。人的能力有強有弱，最後的成就也有大有小，不管如何，當我們不得不告別人世，回首人生時，想想自己一步一腳印的跋涉過、追尋過、奮鬥過，也應有所欣慰。生活中，有的人活得很累，有的人活得很瀟灑，就在於他對生活的態度。自設牢籠的人，心理壓力大、自我限制多，得不到自由。何不歇息一番，學習放下？你會覺得渾身舒坦，輕鬆許多。

不要成爲外物的奴隸

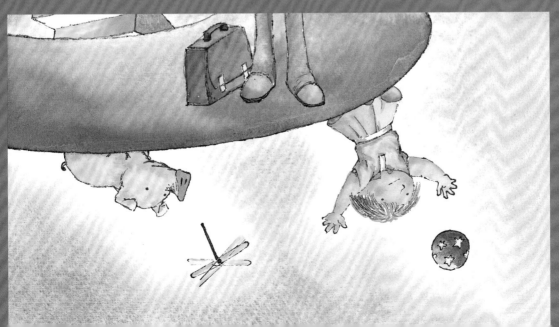

凡是物都有值得欣賞的地方，既然這樣，就都可以給人快樂。人不一定非要看雄偉壯麗的名山大川不可，吃酒糟、喝薄酒，一樣可以醉人；吃蔬菜、啃瓜果，一樣可以飽腹。

東坡說，依此類推，到哪裡我們不能得到快樂呢？一個人只有不受外物的奴役，自己主宰自己，才可能永保心靈的恬靜和快樂。東坡先生在《超然台記》一文中談到自己的體驗。

宋神宗熙寧七年秋天，蘇東坡由杭州通判調任密州（在今山東諸城）知州。我國自古就有「上有天堂，下有蘇杭」的說法，北宋時，杭州早已是繁華富足、交通方便的好地方。密州屬古魯地，交通、環境、居處都無法和杭州相比。東坡說他剛到密州的時候，年收成不好，到處都是盜賊，吃的東西十分缺乏，東坡和他的家人還時常以枸杞、菊花等野菜當口糧。

人們都認為在這種情形下東坡先生一定是很不快活了，誰知道東坡在這裡過了一年後，臉上有肉了，甚至過去的白頭髮有的也變黑了。這奧妙在哪裡呢？東坡說：「我很喜歡這裡淳厚的風俗，而這裡的官員百姓也都樂於接受我的管理，所以我有時間修補破敗的房屋，清掃庭院，整理自己的園圃。在我家園子的北面，有一個舊亭台，稍加修補後，我時常登高望遠，放任自己的思緒，作無窮的遐想。」

「往南面眺望，是馬耳山和常山，隱隱約約，若近若遠。向東看去是盧山，這裡是秦時的隱士盧敖得道成仙的地方。往西可望穆陵關，隱隱約約就像城郭一樣，師尚父、齊桓公這些古人的流風餘烈，好像都還在。向北可俯瞰濰水河，想起淮陰侯韓信過去在這裡的輝煌，又想到他的悲劇命運，不免嘆息不已。這個亭台既高又安靜，夏天涼爽，冬天暖和，一年四季，

早早晚晚，我時常登臨這裡。自己摘園子裡的蔬菜瓜果，捕池塘裡的魚兒，釀高梁酒，煮糙米飯，真是樂在其中。」

　　人的慾望無窮無盡，而能滿足人們的外物畢竟有限。在實際生活中，人們如果遇到什麼東西，心裡想的總是這東西的好與壞、要還是不要，經過這番折騰，人們哪裡還會有真正的快樂呢？

　　人為什麼會這樣呢？這是人太過於看重外物。游心於物內，而不是游心於物外，就會被情慾所累，得不到真正的快樂和享受。

　　物不管是大還是小，如果人一旦陷到物的裡頭，從裡頭往上下左右看，這「物」肯定是又高又大。鑽到「錢」裡的人，世界上就再也沒有什麼東西比錢更高、更大、更好的了。人被高大的外物所罩住，就會什麼也看不清楚，這樣，美醜交錯而生，憂樂夾雜並出，當然可悲。

　　人，一旦像東坡所說的「游於物內」，而不是「游於物外」，一頭栽在無窮盡的「物」裡，及其永無止境的膨脹狀態中，人都成了「物」的奴隸，這時還有什麼真正的人生樂趣可言？錢，可以使人不擇手段；名，可以使人變得虛偽；慾，可以使人失卻理智；權，可以使人膽大妄為⋯⋯，在種種物的引誘下，善男信女蛻變為不法之徒，公務員淪為階下之囚。「游於物內」的結果不僅會讓人失去了人生的樂趣，也讓人失去了最起碼的良心和道德。

生活智慧

　　人在生活中，免不了與各色各樣的事事物物發生關係。物可以是錢，可以是權，可以是色，也可以是山、是水………。我們可以決定自己主宰自己，自己主宰外物，或者失去獨立的人格，淪為外物的奴隸，一切就看我們的智慧了！

態度決定命運

一個人的悲或喜、憂或樂，取決於個人的際遇，更取決於不同的生活態度及處世方式。有人山珍海味吃膩了，再吃什麼也沒有快樂可言；東坡先生吃粗糧、啃羊骨頭，也能品出無窮樂趣。

同樣的處境、同樣的遭遇，悲觀者苦不堪言，樂觀者樂不可支。當官的被貶，發配遠方，離鄉背井，別人悲愁抑鬱、怨天尤人；東坡先生被貶到黃州，卻能既來之、則安之，更百般自尋快活。

樂觀者和悲觀者有什麼不同？讓我們看這個例子：一把葡萄乾兒，兩個人吃法不同，感覺大不一樣。樂觀者每次挑最好的一粒吃，直到最後，他吃的總是最好的；悲觀者會把好的留在後面，每次挑最壞的一粒吃，吃完了，他吃的都是最壞的。兩種吃葡萄的方法，很難說何者為對，何者為錯，但作為一種生活態度、一種處世哲學，哪一種可取是不言自明的。

我們不得不相信，一個人是悲愁、苦惱，還是快樂、幸福，性情的重要不下於命運。發明大王愛迪生為了尋找適合做燈絲的材料，試驗了一千二百次都沒有成功。有人說他失敗了一千二百次，愛迪生則說：「不，我發現了一千二百種材料不宜做燈絲。」說愛迪生失敗了的人沒有錯，但愛迪生自己的說法難道不對嗎？生活中的許多問題有時就是這樣，換一個角度來看，人的感受不同，結論也就大異其趣。

有的人，品行端莊，為人樸實，的確是個好人，但總是一本正經，沒個笑臉，讓人覺得枯燥無味；有的人，雖不愉快地做事，卻能說愉快的話，走到哪兒，歡樂就散佈到哪兒。

蘇軾是這樣的一個人，他可敬、可愛又可親。總是把自己的所見所聞化成睿智的語言，說給周圍的人聽，製造歡樂的氣氛，在笑鬧之餘，又讓人深思。下面幾則蘇東坡的小幽默，風趣異常，讓人回味無窮。

有個叫王祈的人曾經對東坡說：「我寫了一首詠竹子的詩，有兩句最得意。」接著便朗誦：「葉垂千口劍，幹聳萬條槍。」這是用劍比竹葉，槍比竹竿。東坡聽罷，笑著說：「好是非常好，只是十條竹竿才一個葉片兒。」

王禹錫是東坡的親戚，他曾作賀雨詩一首，詩中有一句「打葉雨拳隨手重，吹涼風口逐人來。」自以爲得意。東坡讀了以後說：「你寫詩怎麼這樣不入規矩？」禹錫說：「這是我喝醉酒之後寫的。」過了幾天，他又拿了一首詩給東坡看，東坡讀罷，問道：「怎麼你又喝醉了？」

　　杭州靈隱寺有一個和尚叫了然，這和尚迷上了妓女秀奴，往來日久，連衣缽都當盡了，成了窮光蛋的了然，秀奴當然不再接納，但這和尚還是迷戀不已。一天，了然喝醉酒後又去找秀奴，秀奴依然不理，了然怒火中燒，猛擊秀奴，結果一下子把人打死了。當時，蘇東坡在這裡當官，這個案子由他辦理。提審了然時，只見這痴心和尚的身上刺了兩行字：「但願生同極樂國，免教今世苦相思。」案件審完，東坡寫下一首有趣的判詞：

　　　這個秀奴，修行忒煞，
　　　靈山頂上空持戒，
　　　一從迷戀玉樓人，
　　　鶉衣百結渾無奈。
　　　毒手傷人，花容粉碎，
　　　空空色色今何在？
　　　臂間刺道苦相思，
　　　這回還了相思債。

　　和尚自然被判斬了。
　　東坡的幽默可見。
他的幽默讓人深深地
體會到幽默可以帶來
快樂，可以使人從痛苦的
經驗和情緒當中掙脫出來。

實在說來，幽默是一種情趣，只可意會，不可言傳；幽默代表著一種健康的人性；幽默能使別人更喜歡你、更信任你。人們希望與幽默的人一起工作、一起生活，不管是選擇朋友或者是伴侶，沒有人不希望對方是充滿幽默情趣的人。人們常以「相敬如賓」來稱道夫妻關係，如果這只是指互相尊重，當然是對的，但夫婦如果真的像主與客，彬彬有禮、處處拘謹，那就太沒有意思了，所以說，幽默是夫妻間的潤滑劑，也是健康幸福的標誌。

一個人，對生活的體驗越深，人生的經歷越豐富，他的幽默就越深厚、越雋永，蘇東坡就是這樣的一個人。他留給時人和後世的印象，不只是一個大文豪、大詩人、大書畫家，同時也是一個個性鮮明、生動有趣的幽默大師。在他的幽默中，我們可以看到詩意的釀造、人生的品味和哲理的思考。一個人的悲或喜、憂或樂，取決於個人的際遇，更取決於不同的生活態度及處世方式。所以，我們不得不相信，一個人是悲愁、苦惱，還是快樂、幸福，性情的重要不下於命運。

蘇東坡，你在說什麼？

照顧別人的方法不一定就好

什麼是道？道就是路，路就是道。

然而，中國古人所談的「道」，遠遠不止於路。春秋時代，子產提出「天道遠，人道近」，天道是天體運行的規律，想當然耳，人道是做人的準則。孔子少談天道，主要講人道，他曾說過「君子學道則愛人」之類的話。老子是道家的祖宗，他說道是天地萬物的本原，「道生一，一生二，二生三，三生萬物」，道玄虛又微妙，憑人的經驗很難把握。戰國的韓非子說道是自然界自身的規律；漢代的大儒董仲舒則用道來界定封建倫理綱常；而魏晉時的佛學家又用道來說明佛教的道理。

在古人的眼裡，天由道而生，地由道而成，人、物也是由道而成。道，是規律、是原則、是宇宙的本原；道，是人生觀、倫理觀、是政治理想。打仗有用兵之道，讀書有治學之道，武有武道，文有文道，做官的有為官之道，經商的有經商之道，道是這些，又遠遠不只有這些。

莊子講，聖人說出來的，往往只是道的皮毛，而道的精髓難以言喻；蘇東坡說，照別人教的方法去潛水，弄不好就淹死，這樣看來，道還真玄。但事實上也是如此，照別人的養生之道，未必能健康長壽；把西方的經商之道搬到國內，生意也不見得就亨通。

道是精靈，瀰漫在空中，看不見、摸不著，但你卻能時時感受它的存在和力量；道又非常普通，隨時隨地都可能出現。

蘇東坡，你在說什麼？

道不是機械，道不是教條，道是對技巧的靈活把握，對規律的會心體悟。道是精靈，瀰漫在空中，看不見、摸不著，但你卻能時時感受它的存在和力量；道又非常普通，隨時隨地都可能出現。道的精髓難以言喻。

笑別人也會被別人笑

蘇東坡在《寶墨堂記》中這麼說——

世上的人總有一些共同的嗜好，比如說好吃好喝的東西、漂亮華麗的衣服、傾國傾城的女色，這些沒有人不愛。

但是也有人對「美飲食、華衣服、好聲色」不屑一顧，對喜歡這些東西的人也嗤之以鼻，他們高雅自居，對這些「俗物」和喜愛俗物的「俗人」投以譏笑的目光。他們自己呢？下棋彈琴，收藏古書、古玩或字畫什麼的，一有人上門，就搬出自己的「寶物」向人誇耀，強迫別人欣賞，自以為自己脫俗的不得了，殊不知，你笑別人，還有別人笑你呢！「雅士」笑「俗士」，「豪士」又笑「雅士」。豪傑之士這麼說：古人的功名才真正流傳於後世，你們的什麼琴棋書畫，只不過是一些空洞無物的東西，這些無聊的玩意兒，是古人在沒有辦法建功立業的情形下不得已才留下來的。

說到建功立業，人們自然會想起劉邦、項羽、商湯、周武，還有秦皇、漢武這些人，在武士豪傑看來，他們的豐功偉業才是最有價值的。然而，「豪士」又有「隱士」來挑戰，隱士說：帝王霸業實在只是區區小事，哪裡值得吹噓！從前，堯要把君位讓給許由，許由卻逃到箕山下，自己種田去了；堯又請他做九州長官，他跑到穎水邊洗耳朵，表示不想聽到。這千秋霸業、萬世功名，在許由的眼裡又算得了什麼呢？

東坡感嘆地說：「人持以己之不好，笑人之好，則過矣。」這句話的意思是說，人們如果因為自己不喜歡的東西，別人喜歡，就取笑他，這就錯了。事實上也是如此，世界上的人如果都是這樣互相譏笑，那還有完沒完呢？！

笑別人也會被別人笑

生活智慧

「雅士」笑「俗士」，「豪士」笑「雅士」，「隱士」笑「豪士」，你笑別人，別人笑你。每個人的價值觀不同，各有取笑人的理由，也有被取笑的地方，所以何不彼此尊重、包容、欣賞？

人容易被偽裝所迷惑

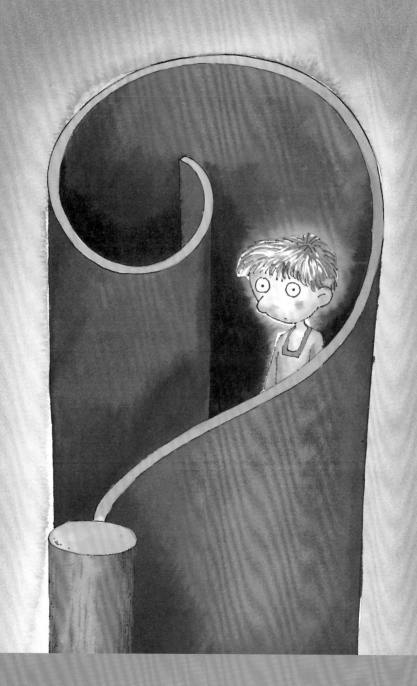

蘇東坡在《烏說》中有這樣的一則寓言──

烏鴉狡猾異常，牠能從人說話的聲音中窺探人的意向，決定去還是留，即便是衝著牠飛射過來的箭或彈子，也很難討到什麼便宜。福建一帶的人熟悉烏鴉的習性，他們認為，凡是動物，只要你真正了解牠的習性，捕獲牠就不是件難事。

福建人捕烏鴉可真有辦法。捕烏鴉的人來到郊野，帶著紙錢，用瓦罐盛著飯，在墳墓間假哭，就像是祭祀死者一樣。哭完了，便撒些紙錢、放些飯在墳前，然後離開。烏鴉紛紛飛來，爭著啄食墳前的飯，等烏鴉吃完了，「哭者」又來到另一座墳前，與前次一個樣兒，撒錢棄飯。這樣反覆幾次，烏鴉便一點兒也不懷疑其中有什麼陰謀了，又吃又叫，爭搶的更加歡喜。如此這般，假祭墓者再三地假哭，烏鴉便跟隨著「哭者」飛，等到烏鴉完全放鬆了警惕，並逐漸與人親近時，「哭者」這才出其不意地撒下羅網，一舉把這些烏鴉都捕獲了。

東坡秉性天真，原以為世上沒有不好的人，但殘酷的政治迫害使他不得不改變這一看法，他透過這則寓言說明人們最容易被偽裝所迷惑。

蘇東坡有一篇《黠鼠賦》，是一篇寓言小賦，生動有趣。故事是這樣的──

有一天晚上，東坡已經睡了，睡夢中被老鼠啃東西的聲音吵醒了。他用手拍了幾下，聲響沒有了，過了一會兒，聲響又出現了。東坡便讓書僮點蠟燭看看，發現老鼠咬東西的聲音來自於一隻空石桶。書僮說：「啊哈！這隻老鼠被蓋在空桶裡頭不能出去了。」打開桶蓋一看，裡面好像沒有什麼東西，把蠟燭拿近仔細查看，原來裡面有一隻死老鼠。書僮很驚奇，說：「剛才還聽到牠咬東西的聲音，怎麼就死了呢？那剛才是什麼聲音，難道鬧鬼不成？」書僮便把桶翻過來倒出老鼠，誰知道這隻「死老鼠」一落地就活過來逃走了，即使再敏捷的人，也措手不及。

東坡感嘆道：「這老鼠真少見！真狡猾呀！牠被關在桶中，因為桶壁、桶底堅硬，牠沒法打洞，卻假裝啃東西所發出的聲音，以便招引人來。牠沒死，裝死，以裝死的外觀得以逃

脫，這真是一個絕妙的詭計呀！」想想，又接著說：「我聽說生物中沒有比人更有智慧的了。人類擒捉蛟龍，用龜殼占卜，獵獲麒麟，役使、主宰萬物，卻突然被一隻小小的老鼠利用了！聰明的人竟會中了老鼠的計，那老鼠由極靜到極動，變化之快，讓人大吃一驚。人的智慧在哪裡呢？」

東坡閉著眼，靠在床上打盹兒，心裡老想著這件事。他想：「身為人，只不過多學而記住了一點知識而已，離『道』還遠著呢！人，不能皈依自然，同萬物於一己之心，所以一隻老鼠發出一點啃東西的聲音就能被牠招引、受牠支配、幫牠脫離困境。人，能在打破千金璧玉時不動聲色，而在打破一口鍋時失聲大叫；人，能手搏猛虎，但見到蜂蠍時不免變色，這都是不專一的緣故呀！」

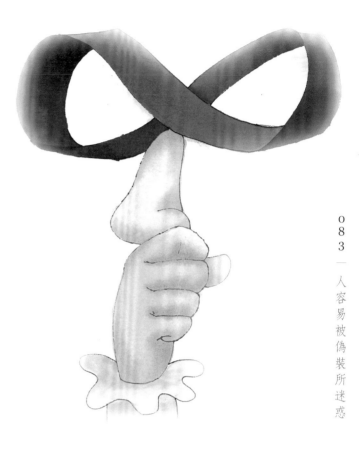

生活智慧

烏鴉不能說不精明、不狡猾，警惕性也高，但終於還是被更為狡猾的人所騙了，牠的不幸在於上當受騙。人雖然說是很聰明，但不也同樣有上當受騙的時候嗎？聰明的人竟會中了老鼠的計，那是因為人們大意、精力不集中的緣故。東坡先生由小及大、由近及遠，說出了一個極為普通的道理，那就是：成功來自專心認真，失敗源於懈怠疏忽。

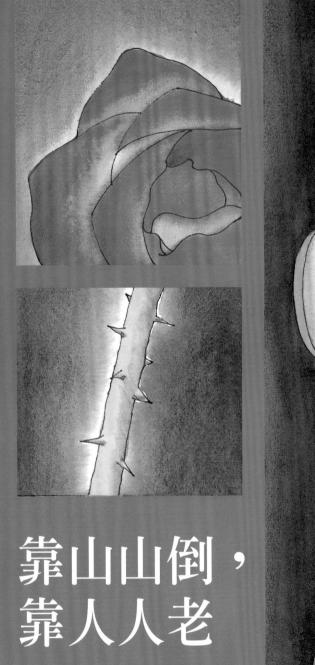

靠山山倒，
靠人人老

有兩則故事，出自唐代柳宗元的一篇文章《三戒》，有趣、耐人尋味。

下面是第一則故事：「臨江之麋」。

唐代，臨江一帶的人喜歡打獵。有一個人打獵時捕到一隻小麋鹿，就把牠養了起來。起初，獵狗們垂涎三尺，都想吃這隻小麋鹿，獵人就抱著牠，讓牠接近獵狗，又不要獵狗動牠，慢慢地讓小麋鹿和狗一起玩耍嬉戲，時間久了，狗和麋鹿相處甚好。麋鹿稍大，幾乎忘了自己是麋鹿，還真的以為狗是自己的好朋友，和狗一起嬉戲更是無拘無束。

三年之後，有一天，這隻麋鹿離家到外面去玩，看見有一群狗在路上，便想過去和牠們一起玩，這些狗又喜又怒，一擁而上咬死了這隻麋鹿，可憐的麋鹿到死都還沒有醒悟。

另一則故事：「永州某氏之鼠」。

永州有一個人生肖屬鼠，這個人很奇怪，喜歡老鼠，家裡不養貓狗，也不准僕人打鼠，因此，廚房、倉庫到處都是老鼠。

老鼠們互通好消息，都來這戶人家，家裡因此沒有一件家具完好，衣架上的衣服也都是大洞小洞，這還不說，連人吃的飯，也都是老鼠吃剩的。白天，成群結隊的老鼠和人一起進進出出；晚上，更鬧得家人無法睡覺，主人一點也不厭煩。幾年後，這家主人遷走了，搬來了新主人，但是老鼠依然如故，恣意橫行。新主人訝異，這些老鼠怎麼這麼猖狂呢？於是弄來五、六隻貓，關門撒瓦灌洞，還用錢、物獎勵僕人兜捕老鼠。一時間，鼠屍堆起來像個小山一樣。

蘇東坡很喜歡柳宗元的《三戒》，還依照這篇文章寫了一篇《二魚說》，藉以自警和勸人。

蘇東坡，你在說什麼？

生活智慧

有些人，靠山大、椿子硬，因而恃寵而驕，不可一世，人們礙於他們背後的權勢，敢怒而不敢言。一旦靠山坍塌、大樹倒下，那些恃寵而驕的人就沒有好果子吃了，其下場的可悲，不難想像。

自我反省，
避免一錯再錯

人非完人，誰能無過？對待自己的過錯，不同的態度往往表現出不同的德行和境界。

《左傳》裡有這樣的一個故事──

秦國留在鄭國的杞子派人送信給秦穆公說：「鄭國北門的防守掌握在我們的手裡，如果這時派兵來偷襲，一定會成功。」穆公徵求經驗豐富的老臣蹇叔的意見。蹇叔說：「辛辛苦苦地調動軍隊去襲擊遠方的國家，這我從來沒有聽說過。我軍長途跋涉，精疲力盡，對方以逸代勞，我方怎能取勝？何況行軍的路線這麼長，如何瞞得過對方？」

穆公沒有採納蹇叔的意見，召孟明等出師於東門之外。蹇叔哭著說：「孟明，我只能見部隊出發，卻見不到它歸來了。」穆公很生氣，派人對蹇叔說：「你怎麼知道我們就一定有去無回呢？你這個老傢伙，要是早點死，墳墓上的樹都好粗了。」

蹇叔的兒子也加入了這次的軍隊。蹇叔哭著去送兒子，並說：「對方一定會在殽山伏兵狙擊秦師，我到時到那兒去給你收屍。」果然不出蹇叔所料，秦師全軍覆沒，孟明等三人僥倖逃了回來。

穆公聽到失敗的消息，穿了素服，親自到城外去迎接孟明一行，孟明等人連忙跪在地上請罪。穆公說：「這是我的不是，沒有聽老臣的勸告，害得你們打了敗仗，這哪能怪你們呢？再說，我也不能因為一個人犯了一點小過失，就抹煞了他的大功呀！」

秦穆公不聽蹇叔的諍言，一意孤行，這是他的過失；但事後他能自我反省，主動承擔責任，禮待且寬恕敗軍之將，又非常的難得。

漢武帝也犯過和穆公類似的錯誤。韓安國與王恢在武帝面前爭論是否要對匈奴出兵，安國反對輕率出兵，且態度堅

決，武帝傾向王恢，主張出擊。後來武帝派王恢遠征，不幸大敗而歸，結果武帝殺了王恢。

　　蘇東坡在《漢武無秦穆之德》中評論道：「漢武帝有秦穆公違蹇叔之罪，而沒有秦穆公用孟明之德。」武帝雄才大略，但也有不少毛病，古人對他有所微詞，一點也不奇怪。

生活智慧

　　人非完人，誰能無過？對待自己的過錯，不同的態度往往表現出不同的德行和境界。有的人，有功自己攬，有誤推別人，甚至不惜讓下屬當代罪羔羊。這樣的君主當然不是好君主，這樣的領袖自然也不是好領袖。然而，古代不乏這樣的君主，現在也有很多這樣的領袖。說穿了，這最終還是一個怎樣做人的問題。只要是人就應該反躬自省，因為事有大小，理只有一個。

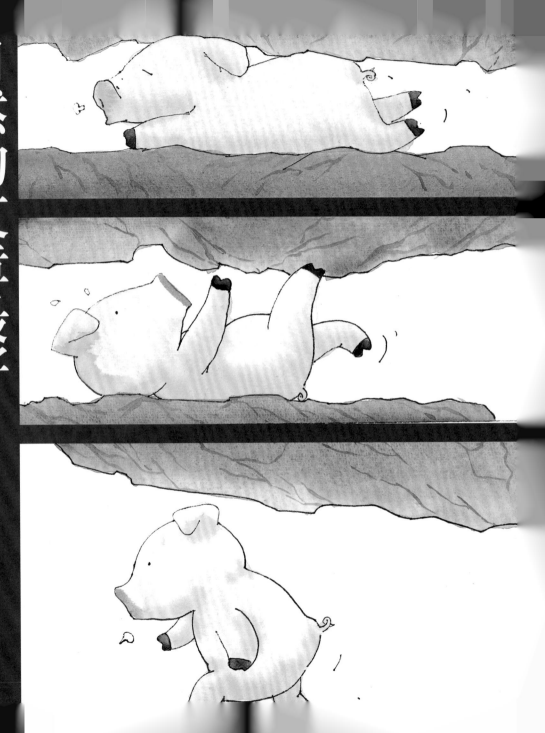

自然的文章最好

什麼樣的文章最好？有人說，能把前人、名人的作品模仿得以假亂真就可以了；有人說，詞藻美麗就好；也有人說，有見解才是好文章；但更有人說，讓人讀不懂的文章那才真叫好。

什麼樣的文章最好呢？蘇東坡說，自然的文章最好。有感而發，自自然然寫出來的文章，就是一篇美妙的文章。他有一篇《自評文》，現身說法談自己的寫作經驗。他說：

> 吾文如萬斛泉湧，不擇地皆可出，
> 在平地滔滔汨汨，雖一日千里無難；
> 乃其與山石曲折，隨物賦形而不可知也。
> 所可知者，常行於所當行，常止於不可不止，
> 如是而已矣。其他雖吾亦不能知也。

一代文豪蘇東坡並沒有把寫文章的道理說得神乎其神，反而極其簡單明白。他點出文章的三個主題。一、文章是豐富的思想或感情的體現。那思想、那感情，就像萬斛泉源一樣，一旦迸湧，不擇地勢，隨處奔流。如在平地，滔滔汨汨，一日可千里。二、那思想或感情，隨著外界事物的不同而變化。在平地，恣意奔流無阻攔；遇山石，就依著外形的曲折而曲折，隨物變化的自在，連自身亦渾然不覺。三、那思想或感情的發抒是根據外界事物的規律。洶湧澎湃時，隨它自然發展；不得不停止時，斷然就停止。這可以說是東坡最深刻的體驗。

什麼樣的文章最好呢？如果你能抓住東坡先生寫文章的真髓，寫出來的文章就是好文章。

「好」文章難有定論，但是文章應該是像泉水一樣從胸臆間流出，而不是像擠牙膏一樣擠出來。無病呻吟、故作風雅、矯揉造作，也能寫出東西來，但那連「壞」文章也稱不上，因為它是假的。

蘇東坡，你在說什麼？

寬以待人，兩相受益

人們常說，金無足赤、人無完人。在生活中，誰沒有過失呢？寬和地對待朋友、家人、同事、鄰居、認識與不認識的人，自己也心平氣和，輕鬆愉快。

蘇東坡引述了兩個小故事，讓我們細心體會吧！

《南史》上有這麼一個故事——

有一個叫劉凝之的人，有一天在路上走，碰到一個人，這人說劉凝之腳上穿的鞋子是他的，於是劉就把鞋子給了那個人。後來，那個人找到自己的鞋子，便把錯認的鞋子還給劉，劉不肯再要。

另外一個人也遇到類似的情況，這個人是沈麟士。鄰居有一天說沈穿的鞋子是他的，麟士笑著說：「是你的鞋子嗎？」就把鞋子給了他。過了幾天，鄰居找到自己丟失的鞋子，便跑來還鞋子。麟士說：「不是你的鞋子嗎？」他又笑著把鞋子收回了。

這是非常小的故事，但可以看見人的氣度和修養的好壞。

另一個小故事是這樣的——

西晉的時候，有兩個兄弟，哥哥叫陸機，弟弟叫陸雲。這陸氏兄弟都是當時有名的文學家，他們出身名門望族，德行高潔，人們把兩兄弟合稱為「二陸」。他們的祖父陸抗，是三國時吳國名將陸遜之子，也是吳國的一名戰將。

另外有一個人，名叫盧志。他的祖父盧毓是東漢末年的大將軍盧植之子，魏時官當到吏部尚書。

有一天，盧志在一個公眾場合問陸機：「陸抗是卿何物？」「何物」在當時就是「何人」的意思，沒有貶意。這句問話講白來說，就是「陸抗是你的什麼人？」

陸機怎麼回答呢？他說：「就像你和盧毓的關係一樣。」

盧志當眾直呼陸機祖父的名字，按當時的規矩是不恭敬的，有失檢點，陸機在答話中直呼對方祖父的姓名，實際上是當面報復。陸雲當時也在場，聽了哥哥的回答大為吃驚。事後他對哥哥說：「你何必這樣呢！盧志可能真的不知道。」陸機板起臉說：「我祖父名揚海內，哪有不知道的呢？」

我國古代的「訓俗遺規」中有這麼兩句話：「待己者，當於無過中求有過；待人者，當於有過中求無過。」盧志是真的不知還是假的不知陸抗是什麼人，這已無從考證，但從上面這件小事來看，陸氏兄弟的對人態度有差異，陸雲是「於有過中求無過」，陸機則是「於無過中求有過」。

古人講「和以處眾，寬以接下，恕以待人」，這是君子風範。寬容別人的人，受益者不僅是對方，同時也是自己。寬以待人天地寬。

心地寬厚的人遇事總把人往好處想，心胸狹窄的人卻習慣把人往壞處想。不管人性本善或本惡，天下總是好人比較多，我們應抱著與人為善的態度，多一點理解，少一點猜忌，這樣，世界豈不是更加美好？

過於沉迷反而不快樂

在古代，對於文人雅士來說，事物中最可喜，又最不會移動人心的，莫過於書法和繪畫了。書畫本來是高雅的東西，但是有些人只想藉著它圖個虛名，或者刻意追求、佔有，來滿足個人無休止的貪慾，這時高雅的東西不再高雅，有時甚至給人帶來煩惱和災禍。

三國時的鍾繇在韋誕的家裡，看到大書法家蔡邕的一幅書法作品，佩服得不得了。回到家裡，他竟然自己打自己，打了三天，直打得吐血。後來，他向韋誕要這幅字帖，沒得到，等到韋誕死後，他竟叫人盜墓，竊得了這幅字帖。

宋孝武帝身為帝王，甚好書法，為了要提高自己書法的聲譽，他獨占書壇。當時著名的書法家王僧虔因為不敢過分顯露自己書法上的才能，故意用拙筆寫字，這樣才被孝武帝所容納。

晉時的桓玄，生性貪鄙，別人有好字畫，他一定千方百計據為己有，就連打仗時，他也叫人把書畫等物先裝在小船上。他說：「這些東西應該帶在身邊，打仗是有危險的，如發生意外，可以輕易運走。」大家都笑他。後因篡晉被劉裕殺了。

唐朝的宰相王涯酷愛書畫，盡力蒐羅，他將到手的書畫都藏在夾牆裡面。甘露事變的時候，他被宦官捕殺，書畫也被挖掘毀壞光了。（見於《寶繪堂記》）

從事書畫創作，或者收藏書畫作品，這些都應該說是雅事。然而，東坡舉例的這幾個人為書畫所役，變成了物的奴隸，由於對物的佔有慾，發展成對物的崇拜，最後反而被物所左右、所驅使。高雅的東西經過利慾薰心之人的手，也變得俗不可耐了。

東坡自己也是書畫聖手，從小喜歡書畫精品。他說自己年輕時，家裡有的字畫深怕丟了，別人有好的也想擁有，等到年紀漸長，對人生有所澈悟，便笑自己：「不在乎富貴而獨厚愛書法，生死看破卻看不破繪畫，豈不也是厚薄輕重顛倒、自我本心喪失嗎？」一番大澈大悟，東坡再也不把書畫看得那麼重了。

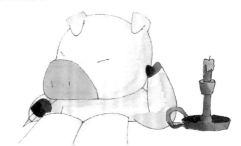

　　書法繪畫就像世間的其他萬事萬物一樣，擁有固然可喜，失去就像煙雲過眼前，百鳥鳴囀掠耳邊，沒啥可悲。愛物而不執著於物，人才可以時常從物中獲得快樂。

不是我的，分毫不取

東坡初貶黃州，當地太守讓他住在長江邊上的一個小亭子裡。按常情，一個京城裡來的貶官剛遭厄運，心裡應有說不出的淒風苦雨，但東坡不然。他寫給朋友的一封信上說：「我的住所離長江不到十步遠，風濤煙雨，朝夕變幻；南國山水就像一桌豐盛的筵席擺在我的面前，這種幸運恐怕不是一般人所能享受的。」

後來，東坡在亭子旁邊又加蓋了一間書房，他不無誇張地說：「午睡醒來，忘了自己身在何處，窗簾拉起，坐在榻上，近望可見江上風帆上下，遠望則水天相接，一片蒼茫。」

這山川之美，來自於自然本身，更來自於東坡恬淡曠達的胸襟。只有超越榮辱得失的人，才能保持樂觀的心境，也才能享受自然美與生活美。蘇東坡在《前赤壁賦》中曾說：「天地之間，物各有主，如果不是我所有，即便是一毫一厘也不取。」

清代的王爾烈就是這樣一個「非我所有，一毫不取」的人。

王爾烈曾當過皇帝的老師。一天，他從江南主考回來，恰好逢上新皇帝嘉慶登基。皇帝召見他說：「老愛卿家境如何？」王爾烈回答說：「幾畝薄田，一望春風一望雨；數間草房，半倉農器半倉書。」嘉慶說：「老愛卿為官清廉，我早知道。我派你去安徽銅山鑄錢，你去上幾年，光景就會不錯了。」

王爾烈一去三年，又奉詔回到京城。嘉慶召王爾烈上殿，說：「老愛卿，你這一回可度餘年了吧？」王爾烈回手一掏，從套袖裡掏出三個銅錢來，只見一個個磨得溜光，原來是鑄錢時用的錢樣子，他說：「臣依然是兩袖清風，一無所存。」嘉慶見此情景，十分感動地說：「卿真是雙肩明月、兩袖清風呀！」

這正是不該自己的分毫不取，也有的是不該自己的巧取豪奪。

乾隆皇帝的寵臣和珅不但接受賄賂，而且公開勒索；不但暗中貪污，而且明裡掠奪。地方官員獻給皇帝的貢品，他都先挑精緻稀奇的留給自己，再把挑剩的送到宮裡，就連已送給皇帝的寶物，他也派人把它給偷回來，他貪占的財物約值白銀八億兩之多，抵得上朝廷十年的稅收。

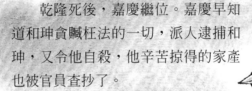

乾隆死後，嘉慶繼位。嘉慶早知道和珅貪贓枉法的一切，派人逮捕和珅，又令他自殺，他辛苦掠得的家產也被官員查抄了。

這正反的兩個故事頗耐人尋味。兩袖清風，一身正氣，心底無私天地寬；貪心不足，巧奪無度，自有報應時。為官之道的取捨，不言自明。

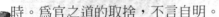

生活智慧

蘇東坡是一個上可以陪玉皇大帝，下可以陪村野乞兒的人。當大官時，不得意忘形；被貶官時，可以苦中求樂，也只有這樣的人，不管外面的遭遇是如何的險惡與苦難，風景依然在眼前。他是一個隨遇而安的人。為官之道，也是一般為人之道，該我的，我要；不該我的，一點也不要；沒有額外的權勢與財富，自然就不會有意外的不幸與災禍。活得清清白白、平平安安，生活雖然清貧，但心裡踏實，這才是真正的為人之道。

六根清淨，談何容易

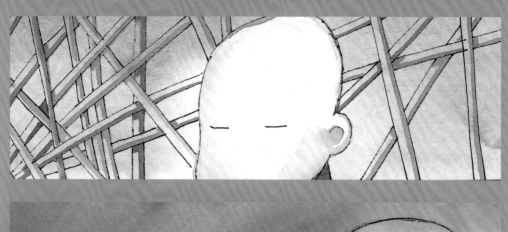

人的一生，總有一些追求、一些奢望，對於功名、富貴、錢財、美色，有誰會不喜歡呢？東坡對此有他達觀而又幽默的看法。

他在《書四戒》中寫道：

> 出輿入輦，厥痿之機。
> 洞房清宮，寒熱之媒。
> 皓齒蛾眉，伐性之斧。
> 甘脆肥濃，腐腸之藥。

東坡將這三十二字寫在門上、窗上、茶几上，讓自己經常可以看到。在他看來，車子、轎子、舒適的房子、漂亮的女人，還有美味佳餚，對人都有害，失去人間美好東西的人才有福氣。

「食色，性也」，飲食男女，人的本性。東坡的說法帶點幽默、有些詼諧，作不得真。

有這麼一個笑話，一個老和尚偶然揀到一個嬰兒，辛辛苦苦的撫養他，從小就教他誦經拜佛，不染半點紅塵中事，更別說讓他與外界接觸，等他長大到十幾歲，老和尚斷定他六根清淨了。一天，老和尚決定帶他下山走走，走到半山腰，突然竄出一隻老虎，小和尚大驚問道：「這是什麼？」老和尚回答：「阿彌陀佛，這是女人。」小和尚道：「女人竟如此可怕。」走到山下，遇到一個妙齡女郎，小和尚目不轉睛地盯住女郎，老和尚見狀，斷喝一聲：「那是老虎，要吃人的，還不快走。」師徒回到廟中，小和尚當晚就病了，茶飯不思。老和尚不放心，前去照料，關心地問：「徒兒，你覺得哪裡不舒服？」小和尚不假思索，脫口便道：「我想老虎！」

秦穆公是春秋時秦國的君主。有一天，穆公一匹心愛的馬兒丟了，原來這匹馬跑到岐山的山腳下，村民們發現了牠，因為不知道是國君的愛馬，就把牠給殺了，全村人都來吃馬肉。官差到處搜尋，發現了這個情況，於是把全村的老百姓都抓了起來，準備重重地懲罰他們。

穆公知道這件事後，對官差的作法大不以爲然。他說：「一個眞正的君子絕不會爲了一個畜生去殺人的。」他還不無幽默地問官差：「我聽說吃了好的馬肉，倘若沒有好的酒喝，這對身體是有害的，是不是？」穆公不但原諒且釋放了這些村民，還派人送他們好酒喝。穆公說：「看到好東西，人們忍不住要去吃，這是可以理解的。」

不用說，村民們都很感激穆公。後來，晉國攻打秦國，穆公差點兒當了俘虜，正在危難之際，那些受過恩惠的村民，自動地組成敢死隊，給穆公解了圍。穆公失去了一匹心愛的馬兒，得到的卻是一群忠心的臣民，孰輕孰重，不言自明。

　　「善有善報，惡有惡報」這句話也許並不適用於一切人跟事，但種的是穀子，就不會長出稗草；栽的是鮮花，也不會冒出荊棘，施人以恩，必有回報。所以待人接物多設身處地為別人著想，也能惠及自身。生在塵世，長在凡間，要六根清淨，心如枯井，談何容易！也沒有必要。東坡先生的「四戒」，如果理解為節制過度的、有害的物慾、情慾、貪慾，那才是有意義的。

珍惜生命，
死亡不懼

　　人生終有了結的時候，封建時代的君主，也有對生死看得很透的，漢文帝就是其中的一個。文帝的遺囑不同於一般，他說：「萬物有生必有死，死是很自然的，用不著太傷心。現在的人一聽到死就害怕，死後，爲了出殯、安葬，花了很多的金錢和財物，甚至弄得傾家蕩產。爲了追悼死人，過分的傷心、啼哭，甚至弄壞了自己的身子，這些都是不好的，我很不贊成。」

　　文帝還囑咐天下的官吏和老百姓只准帶孝三天，在這期間並不禁止結婚、祭祀、喝酒、吃肉。本族的人也不需要像從前那樣赤腳踏地的啼哭，帶孝的麻也不用太長，三寸就夠了。過去穿孝三年，太長了，現在拿一天當一個月，三十六天就可以滿孝了。

　　這位明智的皇帝還特別交代，死後把他葬在霸陵（在長安東南），用不著起大墳，也用不著把墳堆得高高的。然而，這位要求從簡安葬自己的皇帝，並不因爲墳墓小，壽命不長（四十六歲），人們就忘記了他。他和他兒子景帝所治理的時代被後人稱之爲「文景之治」，就可以看出他們的清儉廉明，足以垂範後世。

　　人生終有了結的時候，蘇東坡面對死就可以看出他的曠達。

　　蘇東坡病重的時候，曾對朋友說：「莊子主張不要勉強用心去治理天下，順乎自然，無爲而治就好了。我現在久病不起是天意，不是我的過失。」

　　臨死前，老友維琳方丈來探望他、陪伴他。方丈不

斷地和他談來世與今生，勸他唸偈語，蘇東坡笑了笑。

　　彌留之際，全家人都守候在蘇東坡的身邊。方丈走到近前，貼著他耳朵說：「現在，想來生吧！」蘇東坡輕聲說：「西天也許有，空想去又有什麼用？」東坡的老朋友錢世雄這時也站在一旁，對他說：「現在你最好還是想著天堂，想著來世。」東坡最後說：「勉強想就錯了！」

　　陶潛說的好：「家爲逆旅舍，我如當去客。去去欲何之，南山有舊宅。」人生如過客，唯有鎮定的面對死，才會減少它對人的困擾。

生活
智慧
　　人一想到死，就會覺得時光一去不回、生命彌足珍貴，或許正是死亡，才使活著變得更有魅力、更有意義。人如果永遠不死，活著大概就沒有這麼認真、這麼有滋味了。

接受諫言，勇於認錯

唐太宗與魏徵，一個是賢君，一個是直臣，二個人留下了不少發人深省的故事。

　　有一次，唐太宗李世民得到了一隻很特別的鷂鳥，他把牠放在手臂上玩賞，偏偏這時候被魏徵撞見了。李世民一見到這位以直諫著稱的臣下，就像頑皮的學生遇到了嚴厲的老師，趕緊把鷂鳥藏在懷裡。這位諫官也妙，對著皇上嘮嘮叨叨，說一些生於憂患死於安樂之類的話，說得沒完沒了，就是不走，一直到可憐的鷂鳥在皇上的懷裡悶死才罷。

　　眾人皆知，自古以來都是文武百官怕皇帝，哪有皇帝怕百官的？唐太宗就很怕魏徵這個諫官，這個「怕」正是唐太宗開明賢達的地方。

　　蘇東坡在品評唐太宗與漢武帝的優劣時說：「古代賢明的君主都知道直言敢諫的臣子難得，忠言逆耳難聞，因此對那些敢言的直臣們，活著時，盡量發揮他們的才能，死後常思他們的忠言及為人，甚而夢中夢到他們，這樣的君主算得上是樂賢好德的君主了。」

　　漢武帝就其雄才大略來說，一點也不比唐太宗差。汲黯是武帝的一個忠臣，遇事直言不諱，其賢德遠超過唐太宗的直臣虞世南，但是，虞世南死後，唐太宗還時常思念他；而汲黯活著的時候，漢武帝就已經厭煩他了。唐太宗統治的時候，天下太平，社會安定到差不多不用刑罰的程度；而漢武帝當政的時候，盜賊滿天下，這真正的原因就在於君主是不是真的樂賢而好德。

　　魏徵死後，唐太宗悲痛欲絕，喟然道：「以銅為鏡，可以正衣冠；以古為鏡，可以知興替；以人為鏡，可以明得失。我曾經擁有這三鏡，以防止自己的過失。現在魏徵去世了，我的一面鏡子沒有了呀！」

蘇
東
坡
，
你
在
說
什
麼
？

「以銅為鏡，可以正衣冠；以古為鏡，可以知興替；以人為鏡，可以明得失。」唐太宗的這三面鏡子，也可以是我們每一個人都需要的三面鏡子。如果我們時時攬鏡自照，就可以減少犯錯的機率了。

帶領幹部不同於帶領部屬

　　蘇東坡有一回說起劉邦，他說劉邦是「起於草莽之中，徒手奮呼，而得天下」（節錄自《漢高帝論》）若論勇氣、韜略、善戰，劉邦自己都承認比不上項羽，但他最後為什麼能平定天下呢？

　　在一次大宴群臣的酒席上，劉邦就這個問題問眾人。有兩位大臣說：「陛下對將士賞罰分明、禍福與共；項羽嫉賢妒能、有功不賞、得地不封，所以將士離心，終失天下。」

　　劉邦笑著回答：「你們只知其一，不知其二。運籌帷幄之中、決勝千里之外，我不如張良；充實國家、安撫百姓，我不及蕭何；戰無不勝、攻無不克，這是韓信的專才，我甘拜下風。他們三人都是人中豪傑，我能重用、信任他們，使其充分施展自己的長才，所以我能取得天下。項羽只有范增一個賢臣，就這樣，他還不能充分信任他、重用他，所以他才會失敗。」

劉邦說的是實話。善於指揮指揮者，善於領導領導者，需要更大、更高超的智慧，這是將將，而不是將兵，是真正的帝王領導藝術。

　　在《史記》中記載有這麼一個小故事，有一天劉邦和韓信聊起各將軍的能力。

　　劉邦問：「你看我本人能統領多少人馬？」韓信說：「十萬。」劉邦又問：「你呢？」韓信回答是多多益善。劉邦聽了大笑：「你的統兵能力遠勝過我，為什麼還為我效勞呢？」韓信說：「陛下沒有統領士兵的能力，卻有指揮大將的能力，這正是我為您效命的原因！」

　　有人善於「將兵」，有人善於「將將」；「將兵」者將才，「將將」者帥才，將兵和將將都需要懂得領導的藝術。在現實中，我們可以看到有些領導者事無鉅細都要過問，這種事必躬親的人，上令不能下達，做不好事，也得不到下屬的諒解。真正高明的領袖善於讓部下發揮長才，各司其位，各盡其責，領導者領導得輕鬆，身為下屬也工作的愉快，人人皆有用武之地，這才是將將和將兵的領導藝術。

「將兵」者將才，「將將」者帥才，不論將兵或將將都需要懂得領導的藝術。讓部下發揮長才，各司其位，各盡其責，領導者領導得輕鬆，身為下屬也工作的愉快，人人皆有用武之地，這就是將將和將兵的領導藝術。

讀你千遍也不厭倦

東坡先生學問淵博，論起他的讀書方法，自有他的一套，東坡稱之為「八面受敵」。

　　東坡在海南島時，把這套方法告訴了蘇轍的女婿，他說：「人讀書就像跳進了大海一樣，裡面什麼東西都有，而人的精力有限，不可能兼收盡取，只好取自己想要的東西。即使是一本書，有的內容讀起來也是相當豐富的。」

　　我們可以這樣試試看來讀一本書：每讀一遍，就只從一個主題去探求、去掌握它。如果想要了解古今興亡的情況、聖賢的歷史作用，那麼就一門心思地從這個角度去讀，別的一概不管。再讀一遍時，如果著眼點在歷史、典章人物之類的東西，其他的內容也就可以視而不見了。就這樣，每讀一遍，關注一面，辦法雖然有些笨拙，收效卻頗大，以後再有有關這本書的問題或需要，也都能應付了。

　　讓我們來進一步解說東坡先生的「八面受敵」讀書法。就拿讀《紅樓夢》來說，我們可以讀它個三、五遍，一遍只看故事情節，一遍專門欣賞其間的詩詞盈聯，一遍注意其中的風俗、習慣、禮儀，一遍專注它特有的飲食文化。如此反覆，多讀個幾遍，那你對《紅樓夢》的瞭解就不是一般泛泛看過的人所能相比的了。

　　東坡先生的讀書法，相信對我們求學問有相當大的啟發作用。

生活智慧　　凡事講求方法，方法不對，結果可能大不一樣。讀書也有方法，每個人都有每個人不同的讀書方法，方法無所謂好壞，適人適性即可。不過，東坡先生文采風流，讀書方法自有其獨特之處，就算「八面受敵」又何妨！

隨遇而安
養生之道在於

　　蘇東坡有一位道士朋友，叫吳復古，他對養生之道頗有見地，東坡也很贊同。吳復古認爲養生貴在「和」和「安」。

　　什麼是吳復古眼裡的「和」呢？他說：「大家都知道天地間有寒暑變化，極冷的時候，天下雪；極熱的時候，地冒煙，但萬物並不因此有所毀損，因爲寒暑的變化緩慢、細微，我們常常沒有感覺到。」如果氣溫讓人「朝穿皮襖午穿紗，圍著火爐吃西瓜」驟冷驟熱，就不是一般人所能忍受的了。

　　心的修練也和自然規律相似。大喜大悲、大起大落，都易傷人。大悲傷人，不用說，大喜也能傷人，因爲樂極生悲的緣故。范進仕途蹭蹬，屢試屢敗，五十多歲時，終於及第，因大喜過望，喜極而瘋。朝爲卿相，暮爲民，或者朝爲寵臣，暮成囚這等的大起大落，也不得不叫人悲憤難抑，而病，而死。

　　人的一生當中，當然有起有伏、有喜有悲。如果遇喜、遇悲都形同木石，那是不可能，也不足取的。修身養性要內心平和，如果喜而不狂、悲而不怒，情緒始終保持穩定，這於身、於心都是有益的。

　　吳復古眼裡的「安」是什麼呢？他說：「我曾經從牢山坐船去淮水，在海上遇到了大風，船身顛簸得厲害，船上的人隨著船身起伏，個個頭暈目眩，難以忍受，而我飲食起居一如平常。我並沒有什麼特異的法術，只是聽其自然，不與之抗爭而已。其實，讓人生病受累的，常常不是外物，而是人自身的緣故。吃飯時，看到食物中有蛆，沒有人不嘔吐的，但是如果矇著眼睛，連蛆帶飯一起吃，就不會嘔吐了，所以，我們很容易知道見蛆作嘔的這種心理起於內心，而不是出自外物。如果真的有這樣的體會，那麼，我就算與蛆之類的東西接觸也處之泰然了，這就達到了『安』的極致。」

　　蘇軾認爲面對骯髒的東西、令人煩惱的事物能夠若無其事，就達到了自我修練的最高境界。如何達到這樣的境界呢？「安」而已。能安，就能順其自然，心中不亂，就能養生。

吳復古認為養生貴在「和」與「安」。能「安」，外物對我們的影響就很小；能「和」，我們順應外物變化的行止就很順。外輕而內順，就算懂得養生之道了。

沒有法的法最好

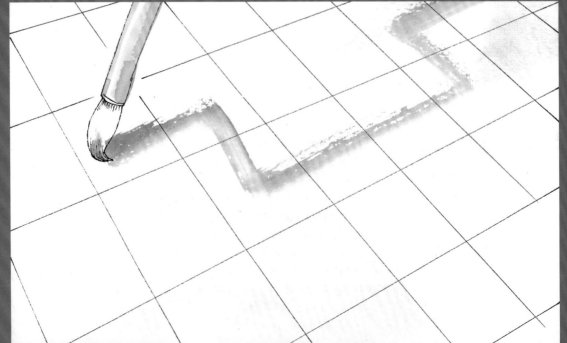

古人認爲天下萬事都有一定的法，創作之道也是文有文法、詩有詩法、字有字法。至於法，也有活法、死法之分。法，具體來說有篇法、章法、句法、字法，例如開頭結尾、抑揚起伏等等。如果拘泥在這些條條框框當中，不敢越雷池半步，就是「死法」，不足爲取。而什麼是「活法」呢？活法就是規矩雖具備，但能出規矩外；變化莫測，但又不違背規矩；既守法又不拘泥於法，這就是所謂「有定法而無定法，無定法而有定法」。

　　蘇東坡認爲作文、作詩當然要講法則，但最好的法是「無法之法」，沒有法的法才是最好。這「無法之法」似乎有點兒費解，有法就是有法，沒有法就是沒有法，怎麼會有「沒有法的法」呢？東坡對一個朋友作品的評價可以幫助我們理解。他說：

大略如行雲流水，初無定質，
但常行於所當行，
常止於不可不止，
文理自然，姿態橫生。

　　舉一個更貼近的例子來說吧！比如電影，有的影片人物、故事情節都安排得井然有序，故事的發生、發展、高潮、結局也層層推進，其間人物的安排、形象的塑造、結構的佈置等等都有「法」，但因爲這「法」的痕跡太明顯，我們會覺得它不夠眞實、不夠自然，人工雕琢的味道太濃。另外有一種影片，看上去很普通、很自然，片中人物就好像我們親眼看過，情節也似發生在我們周邊，影片看不出用了什麼技巧，其實，這才是眞正高明的技法。有技巧而沒有技巧的痕跡，就像鹽溶入了水中，這就是沒有法的法，也是最好的法。

再說寫文章吧！做學生的時候，寫起文章來，起承轉合、用詞遣字、文章結構、內容情節處處講究技法，可是文章寫得再好，一看就知道是學生寫的。有些老作家，隨手拈來、信筆寫去，不加雕飾、不刻意安排，看似隨隨便便，著手成春，這就達到了「無法之法」的境界，這就是我們所期望的。

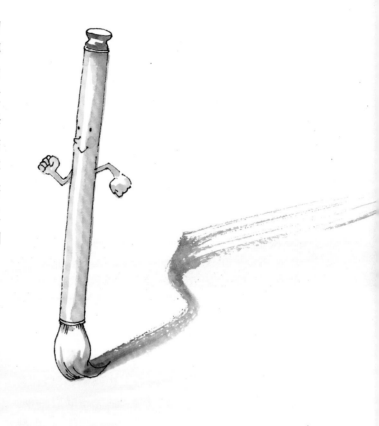

生活
智慧
　　作文、作詩當然要講法則，但最好的法是「無法之法」，沒有法的法才是最好的法。如果寫文章能夠隨手拈來、信筆寫去，不加雕飾、不刻意安排，看似隨隨便便，著手成春，這就達到了「無法之法」的境界了。

長壽的藥方

戰國時有一位齊國的處士，名叫顏斶。有一次齊宣王在接見他的時候，對他說：「我請你做我的老師，和我生活在一起，我不但讓你吃好的、穿好的，而且還讓你出門時有車子坐。」顏斶聽了心裡很不舒服，他覺得齊宣王在對他進行利誘，便回答齊宣王：「如果是這樣的話，我情願回去『晚食以當肉，安步以當車』。」他的意思是說，只要我晚一點吃飯，就抵得上吃肉；只要安於步行，就抵得上坐車，我不必貪圖你給我的那種待遇。

　　有一位張姓朋友曾經拿著紙，請蘇東坡開一張長壽的藥方。蘇子自己懂醫學，會治病，又喜好養生之道，他對這位朋友說：「我在《戰國策》上看到一劑藥方，自己也常按方子服藥，覺得很有效。讓我現在告訴你，這副藥只有四味，一是『無事以當貴』，二是『早寢以當富』，三是『安步以當車』，四是『晚食以當肉』。」顏斶懂得長壽的道理，當然不在意齊宣王的利誘了。

蘇東坡在湖州當太守的時候，因寫詩而獲罪，其實完全是莫須有的罪名。御史台的屬吏到湖州逮捕東坡，面對這飛來的橫禍，蘇夫人和小孩都嚇壞了，一路痛哭流涕，送東坡出門，這時，東坡笑著給夫人講了一個故事來安撫她。東坡說：「宋眞宗的時候，皇帝遍訪天下隱士，想從中得到人才，有人把楊樸推薦給皇帝，說他的詩寫得很好。皇帝派人把他找來，問說：『聽說你的詩寫得不錯。』楊樸說：『那是別人瞎說的，我哪會作詩。』皇帝還想套他，便問：『你臨走的時候有沒有朋友給你作詩送行？』楊樸回答：『沒有。倒是我的老妻寫了一首絕句：且休落魄貪杯酒，更莫猖狂愛詠詩。今日捉將官裡去，這回斷送老頭皮。』皇帝聽了以後忍不住笑了，知道楊樸無心作官，便放他回山裡去了。」

　　講完這個故事，東坡對妻子說：「你能不能像楊樸的妻子那樣，也寫一首詩送我？」夫人聽了，不覺破涕爲笑。

　　這個故事，幾分苦澀，幾分幽默，充分表現了東坡的臨危不懼。

生活智慧

　　東坡所看到的這帖長壽藥方很簡單，很容易實行，但真的按方子服藥的人實在很難說，要不然怎麼到現在還有這麼多人在尋尋覓覓，尋找那長壽的秘方。由此可見，長壽的藥方是有，但要長壽卻不容易，因為大家都沒有養成「按時服藥」的習慣。世事迷離，禍福無常，有時有意想不到的好運，有時又忽然來個大災難。作官的，不求聞達，聞達自至；不期蹭蹬，蹭蹬降臨。唯有把生死、禍福、榮辱置之度外，才能像東坡先生一樣，在面對迷離世事時，臨危不懼，表現出一種曠達的胸襟。

拉滿的弓才射得遠

東坡先生曾用種田作例子來講自養的道理。

他說：「你可曾見過富人種田嗎？富人田多又肥美，因此糧食綽綽有餘，在不缺糧的情形下，主人便可以輪流讓一些農地暫時閒置，什麼也不種，以恢復、保全地力。也由於糧食豐足的緣故，種地時才不誤農時，而收割也可以等到莊稼完全成熟的時候，所以富人的糧食品質往往很好，秕穀少，顆粒飽滿，存放久也不會壞。現在，我家十口人，總共才百把畝薄田，幾乎可說是每一寸地都指望著收穫，哪還顧得了更休呢！我們只能日日夜夜盼望莊稼成熟，犁、耙、鋤、刀，用在地上就像魚鱗一樣稠密，地不但枯竭了，耕種也常常誤了季節，而莊稼還沒來得及成熟，我們又急著收割，這樣怎麼可能會收到好糧食呢？」

治學之道與農桑之道其實很像。古人就其才能來說，並未超過現代人很多，但他們平時注意自我的修養，不濫用知識，透過自養來等待成熟。就像盼望嬰兒成長一樣，小心謹慎，弱者經過自養達到剛強；虛者經過自養達到充盈。古時候的人三十歲後才外出做官，五十歲才敢享受爵祿，他們都是經過了長時間的「屈」之後才「伸」的，他們都是等到有充足的知識後才開始使用的，這就像等到水滿後才流淌，弓拉滿後才射箭一樣，這也是古人超過今人的地方，也是當今君子遠不及古人的原因。

人們以為勤奮或者奮鬥能夠成功，東坡先生卻講求自養以待成功，從《稼說》中我們不難理解其意。

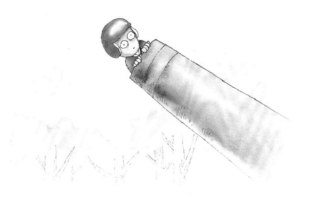

生活智慧

　　水滿了，流出來的水才能持久不斷；弓滿了，箭射出去才有力量；至於人，知識充足了，用起來才會更得心應手。這是治學之道，也是事業的成功之道。如果能自養，三百六十行，無論你做哪一行，也都能做出一點名堂。

領導者要有接納諫言的雅量

君主之道，開懷納諫十分重要。

蘇東坡和他弟弟中進士時，皇帝是宋仁宗，仁宗很欣賞蘇氏兄弟的才華，曾對皇后說：我爲我的子孫得了兩個宰相之才。有人說仁宗是北宋最好的皇帝，這指的恐怕不是他的政績，而是他的德行，在後人的心目中，仁宗是一個開懷納諫的開明皇帝。

有一天，仁宗在宮內做道場的時候跑去看熱鬧，他對左右吩咐道：「賜給每個僧人一匹紫羅。」和尚們喜出望外，連忙謝恩。這位皇帝顧不得是否會丟身分，認眞地佈置，說：「明天你們從東華門出宮，把紫羅藏在懷裡，不能讓人看見。」其間的原因，他也如實道來──只因爲「恐台諫有文字論列」。

仁宗為了從諫如流的好名聲也付出了不少的代價。王德用進獻美女，仁宗歡喜，偏偏王素進諫，仁宗不得不忍痛割愛，但又說：「我雖為帝王，但人情同耳。」這樣說來，他能接受王素的批評，遣散宮女出宮，應該是件很不容易的事了。後來有個專門給他梳頭的太監不服氣，在給仁宗梳頭時打抱不平，他說：「兩府兩制，家內各有歌舞，官職稍如意，往往增置不已。官家根底剩有一二人，則言陰盛須減去。只教渠輩取快活。」仁宗聽他這樣發牢騷，一聲不響把他裁減了。皇后問他：「這個梳頭的是你平時心愛的人，卻怎麼第一個就裁他？」仁宗回答：「此人勸我拒諫，怎能安置在左右？」

　　仁宗從諫如流，因為他頭腦清醒，是非分明。

　　作為皇帝，仁宗位處九鼎之尊，百官萬民的生殺大權握在手中，這樣的最高統治者能夠開懷納諫，近賢臣、遠小人，實在不容易。現今的上位者，如果能夠開懷納諫，以國家前途、百姓利益為重，國家一定強，吏治一定清。

最大的痛苦來自心靈

古詩中有一首《四喜詩》，這樣寫道：

久旱逢甘雨，他鄉遇故知，
洞房花燭夜，金榜題名時。

　　這些都是人見人愛的喜事，但並不是每個人都有這樣的好運氣。有一個人參加科舉考試，初試通過了，複試卻被刷下來，這無疑是由喜轉悲。這位落魄的士子便將《四喜詩》改為：「雨中冰雹敗稼，故知是索債人，花燭娶得石女，金榜複試除名。」四喜就成了四悲。

　　生活在五光十色中，總離不了悲喜兩面。有歡喜，有淚水；有得意，有失落，這是很自然的，但是有些人在面對失敗，或處於逆境時，常常不知所措。東坡一生，坎坷不平，但他正視逆境、泰然處之的態度，以及所展現出的人生智慧留給後人不少的啟示。

　　在海南島時，東坡寫了一篇雜感，他是這樣來寬解身處蠻荒之地的自己：

　　我剛到海南島時，環顧四周，水天茫茫，無邊無際，不免有些悽楚和傷感，心想什麼時候才能離開這孤零零的島呢？等靜下來，仔細一想，天地其實就在積水之中，整個中國也是在浩瀚的海洋中，既然如此，只要是生物，又有誰不是在島上呢？從大看小，從天地看海島，萬類皆在「島」中，我又何必這樣愁苦呢？把一盆水倒在地上，水上飄浮著小草，一隻小螞蟻趕緊攀附在小草上。小螞蟻四顧茫茫，不知道怎樣才能到「岸」上，過了不多久，水乾涸了，螞蟻便回去了。見到同類後，牠還忍不住一把眼淚一把鼻涕地說：「我差點兒就見不到你們了，誰知道頃刻間會跑出一條能兩車並行、八面相通的大路啊。」（見於《試筆自書》）

人活在世上，往往不能換個角度、或跳開、或站高來想一想。失去了女朋友，以為一生的幸福也失去了；事業遭受打擊，鎮日抑鬱難解，就只會鑽牛角尖。事實上，世界大得很，生活的道路寬得很。如果我們能學東坡那樣，試著解析自己不是煩惱的煩惱，也許會覺得自己很好笑，心情也隨著念頭轉而變得輕鬆起來。

人，最大的痛苦來自於心靈，所以，真正的解脫也必然是心靈的解脫。只有解除了精神上的負擔，人們才有可能振作起來。不論是愛情的挫折、生活的磨難、事業的打擊，或者其他的不幸，要戰勝它們，還得靠自己。

平淡是絢爛極至的表現

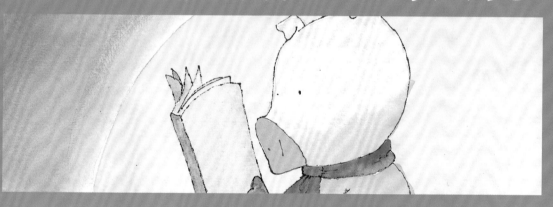

眞正美的藝術品是自然而然、天生而就、沒有人爲的鑿痕。在風格上，可以說就是平淡。

蘇東坡在給姪兒的信中談到平淡，他說：

凡文字，少小時須令氣象崢嶸，色彩絢爛，
漸老漸熟，乃造平淡。
其實不是平淡，絢爛之極也。
汝只見爺伯而今平淡，一向只學此樣；
何不取舊日應舉時文字看，
高下抑揚，如龍蛇捉不住，當且學此。

東坡強調「平淡」的文章風格是從「氣象崢嶸，色彩絢爛」中化來的，越到老越成熟，最後趨近平淡。這平淡，並不是捨棄絢爛，而是絢爛到極點的表現；這平淡，也不是平平淡淡，而是平淡自然。東坡的看法，很辯證、很耐人尋味。

寫字的道理亦然。剛入學的小學生，在學寫字時，老師要求他一筆一畫、工工整整地寫，字體要規規矩矩、一絲不苟。等到成年，字越寫越成熟，越寫越老到，行書、草書，隨手寫來，如行雲流水，平淡、自然，又流暢。但我們要知道這樣「平淡」的風格是因爲從小的時候「工整」苦練出來的，如果老師或家長要剛學會握筆的小孩一開始就能把字寫得平淡流利，那是不可能的。

寫文章不是單純的文字技巧展現，文章境界也是人生境界。東坡年少應舉時，文章氣勢高下抑揚，如龍蛇捉不住，這是那個時候的人生境界；晚年歷盡滄桑，澈悟人生，文章才由絢爛歸於平淡。

言為心聲，文如其人。學習寫作的過程，也是學習做人的過程，要想自己的文章有很高的境界，先充實自己的人生。路，是一步一步走出來的；台階，是一階一階走上去的。

生活智慧

「平淡」的文章風格是從「氣象崢嶸，色彩絢爛」中化來的，越到老越成熟，最後趨近平淡。這平淡，並不是捨棄絢爛，而是絢爛到極點的表現；這平淡，也不是平平淡淡，而是平淡自然。

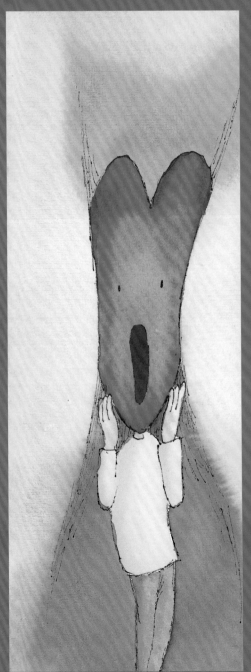

用理智戰勝情感

程顥和程頤是兩兄弟，二程都是知名的理學家。理學家主張「存天理去人慾」，天理簡單來說就是封建倫理綱常，人慾是個人的私慾，尤其是男女之間的情、愛、慾等。

據說，有一次程顥請人飲酒，身旁有一歌伎彈奏唱曲，弟弟程頤也在座，他很不滿意哥哥請歌伎的舉動，但程顥若無其事，只顧著和朋友喝酒。第二天，程頤就昨天的事責備哥哥。程顥說：「我心中根本就沒有歌伎，看來你好像還沒有忘記。」程頤聽罷，自愧不如。

蘇東坡認為能「無事以當貴、早寢以當富、安步以當車、晚食以當肉」的人可以說是很會處窮的人了。這種人擁有的少，需求更少；這種人與人無爭，知足常樂。但蘇東坡認為這種人還沒有真正完全領悟道，因為「安步當車、晚食當肉」的當下，心中還想著車，想著肉，還沒有達到超越物慾的至高境界。

北宋二程的故事，以及蘇東坡的看法有類似之處。道在心中，不在身外的享受與否，也不在生活的外在形式。道學家得道，不在於是否接近女色；達觀者善於處窮，也不在於是否坐車或者吃肉。

中國佛教的禪宗，提倡「本心即佛」，解脫一切外在的羈絆，不要苦行、不講坐禪、更不要讀經，這看似對傳統佛教的反叛，但不是更具有佛教的精神嗎？有一句古話：「虎從火裡出，龍從水中生。」東坡依此發揮，他說：「火烈而水弱，烈生正，弱生邪，火為心，水為腎，因此心正而腎邪。腎沒有不邪的，即便君子的腎也邪，但君子不淫邪，這是由於心主宰了腎，腎只有俯首聽命的份兒。心也沒有不正的，就是小人的心也是正的，但小人往往邪淫，這是因為心管不住腎，讓腎做了主人。」

人們隨時都在焚燒自己的精力。這種焚燒來自兩方面，一是情緒上，諸如煩悶、憂愁、惱怒等等的紛擾，一是生理上，諸如人體的汗、淚、排泄物等等的代謝。在道家的宇宙論裡，火用虎來代表，水用龍來代表；控制火的是心，控制水的是腎。當心控制身體時為善，當人的行為受腎控制時為惡（腎在古代包含性器）。所以

腎如果控制了人體，人就會為獸慾所左右，於是「龍從水中生」，而損毀元氣。人如果心火過旺、情緒不寧，喜則舞，怒則鬥，憂則頓足，於是「虎從火裡出」，也損毀元氣，這兩種元氣的損毀都是「死之道」。因此，我們應控制心神，不使心火過旺，也不使腎過於張狂，從而以心制腎、以正壓邪。

　　心正而腎邪這種說法在今天看來是很不科學的，但人性複雜難解，有時善，有時惡；有時美，有時醜。人之初，性本善？還是性本惡？我們不需要去爭辯，但人長大後的確不那麼簡單。人性中有一半是獸性，這種說法也許過分了一點，但人性中的確有許多弱點，用人性的優點制服人性的弱點，用正氣壓倒邪氣，讓心主宰腎，人自然就會身心常樂了。

這是東方人的看法。讓我們來看看西方的佛洛伊德是怎麼說的。佛氏將人的本性分為本我、自我和超我。本我，原始、模糊、不易把握。它不知善惡，沒有價值觀，本能的滿足自身的各種慾望和衝動。超我，是一切道德準則的代表。而自我介於二者之間，對上符合超我的要求，對下吸取本我的力量，並滿足或處理本我的慾望。

本我像腎、像水；超我像心、像火，這兩者平衡才能保證人的行為合理。倘若本我衝動一如脫韁野馬，那害處就大了。人們常說，理智要戰勝感情，大抵也就是這個意思。不管怎地，人，不能做本能的奴隸，不能騎在「本我」這匹馬上，卻無能地被「本我」馱著走。讓心主宰腎吧！

心中沒有歌伎和心中沒有車、肉是一樣的道理。不受外在的羈絆，一切順乎自然，行、住、坐、臥，恬適、安祥，就可以說是人生的最高境界了。人性複雜難解，有時善，有時惡。腎如果控制了人體，人就會為獸慾所左右，就會為惡，所以要讓心主宰腎，以正氣壓倒邪氣。人不能任性地騎在「腎」這匹馬上，卻無能地被「腎」馱著走。

看似無思卻是無所不思

思考，常能帶給人快樂。思考中，智慧的閃現、思想的形成，或妙文的湧出，都能帶給沉思者莫大的享受。

有時候，無思之思又別是一種迷人的境界。

一次，東坡酒醉飯飽之後，斜倚在臨皋亭欄，此亭瀕臨長江，白雲在空中繚繞，滔滔江水從右邊繞過，遠處一道一道的門戶洞開著，樹林和山巒像要一起湧來似的。面對這山川景物，東坡說：「這時候，若有思而無所思，超然於物而不受制於物，領受大千世界的無窮之美，自我恬適又肯定，真是難得的享受啊！」

生活中處處都有這「無思之思」的意境——

夏夜裡，倚靠在躺椅上納涼，蒼穹深邃，繁星閃爍，一個人靜靜地仰望夜空，任清風拂面，思緒飛舞，什麼都想，什麼都不想，白日裡的勞頓、紛爭自然隱去。無思又無所不思，無樂又無窮樂，妙呀！

秋日裡，碧雲天，黃葉地，任秋風撩起衣角，腳踩滿地落葉，沙沙、沙沙……一任這有節奏的「沙沙」聲，在耳鼓震盪、在心中迴旋，像風聲、像雨聲、像音樂聲，又似乎什麼都不像，絕呀！

拋開世俗紛擾，走入無思之思，心中空靈，與天、與地共鳴，也許是一種禪境，也許不是。在大自然中有所了悟，沒有衝動，更沒有激情，有的是清新雅趣，有的是內心靜謐的喜悅。

生活
智慧

忙、盲、茫，我們在忙碌中盲目，生活在「胡思亂想」中胡亂度過。也許我們從來沒有想過，讓自己的腦袋瓜「什麼都想，什麼也都不想」，也能帶給我們莫大的喜悅與快樂。「無思之思」就是這麼迷人、這麼簡單。

施展抱負前，先靜待時機

賈誼博通群書，才華出眾，在他二十出頭時，就得到了漢文帝的賞識。愛才若渴的文帝先是讓他任博士的官職，又在不到一年的時間內，幾次破格提拔他，一直做到太中大夫。

　　才華受肯定，人益發的洋溢。大紅大紫的他讓有心人看了心裡很不舒服，雖然文帝還想提拔他，王侯重臣卻持反對的態度，認為這個年輕人想仗著自己的才學專權用事，一致地在文帝面前說他的壞話。文帝那時剛接皇位不久，處處有顧慮，覺得不能操之過急，所以想出一個平衡的辦法，派賈誼去長沙做長沙王的太傅。一來緩和朝廷對賈誼的反對，二來讓賈誼出去歷練歷練。

　　這本來是一番好意，誰知道賈誼不能體會文帝的用心良苦，認為自己被放逐了。他到長沙渡湘水時，自比屈原，覺得此後前途黯淡。文帝當然想重用他，只是時機還不成熟，又改派他當梁王太傅。這期間，賈誼幾次上書，獻治國良策，為國事傷痛不已。後來梁王騎馬不小心摔死了，賈誼認為自己當太傅沒有盡到責任，時常哭泣、自責，不久就病死了，死的時候才三十三歲。

　　蘇軾對賈誼十分痛惜，他說：「人要有才幹很難，但更難的是如何有效地運用自己的才幹。賈誼作為王侯的佐臣，卻不能善用自己的才幹。要知道，君子目標雖遠大，但要懂得等待；志向雖高遠，但要能忍則忍。看看古代賢人，各有各的才能，但大多沒能施展，這未必錯在當時的君主，而是錯在賢人自己。」

　　東坡說賈誼不善於處窮，一時的不受重用，怎麼知道終生都不會有再起的機會呢？不懂得默默地等待局勢的變化和時機的到來，自殘自賤，可惜呀！賈誼志向大，但器量太小；才華有餘，但見識不足。不是漢文帝不用賈誼，是賈誼不能用於漢文帝。（見於《賈誼論》）

熟悉歷史的人都知道，漢文帝不僅是漢代，而且是整個封建時代少見的賢明君主。遇上這樣的君主，賈誼竟夭折了，這說明什麼呢？人，才學、立志固然重要，器量、見識更不可缺。人生有風雨，身處困厄之境，更需要寬闊的胸襟和卓越的遠見。人，能進能退，能伸能屈，又何愁英雄無用武之時呢？

人要有才幹很難，但如何有效地運用自己的才幹，更難！有的人，才華橫溢，但一事無成，原因在哪裡呢？那是器量小，不能為人所用的緣故。錯不在人，在己。

冷靜看待，創造條件

　　東坡說一個有大志向的人要善於處窮，要懂得自用其才，不管環境是如何的不利，能頑強地堅持自己的志向，冷靜地看待自己的才幹，等待時機，創造條件，以待有用之時，郭子儀就是這樣的人。唐代名將郭子儀一生歷玄宗、肅宗、代宗數朝，平定安史之亂，收復兩京，戰功卓著。他是生前享有美名、死後成為歷史上富貴壽考四字俱全的絕少名臣之一。

　　史書上記載郭子儀能做到功蓋天下主不疑、位極人臣眾不嫉、窮奢極慾人不誹的地步，這實在是太難了。事實上，君主有時也不相信郭子儀，宦官、奸臣、小人更經常妒嫉和排擠他，郭子儀之所以能善始善終，關鍵在於他善於立身行事。他可說是「用之則行，捨之則藏」，不怨天、不尤人。他帶兵、帶人向來以寬厚著稱，在戰場上，沉著、勇敢、有謀略，朝廷需要他時，接到命令，不顧一切，馬上行動；上面懷疑他、要罷免他時，馬上回家吃老米飯。所以，他幾次被罷免，又幾次被起用，國家不能沒有他。

　　如果將郭子儀和賈誼對比一下，我們可以看出，人才的埋沒或者損毀，外界固然有責任，自己的責任也不小。郭子儀和賈誼，一個武將，一個儒士，都是難得的人才；一個盡其才，一個廢其才；一個享年八十五，一個過而立之年不久便夭亡。這兩個人的不同命運，在很大程度上是由自己造成的。就君主的賢與不賢來看，唐

肅宗、唐代宗等恐怕是很難和漢文帝相比美的,既然這樣,與其說賈誼是懷才不遇,不如說是他不善於自用其才;與其說郭子儀是遇上了賢明君主,不如說是他善於自用其才。

聰明與才幹,人人所企盼,但要知道,它可以成全一個人的功名,也同樣可以葬送一個人的前程,甚或生命。

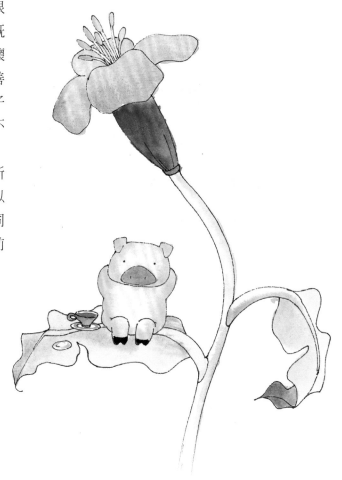

生活智慧

人要善於處窮,要懂得適時發揮自己的才能,不管環境是如何的不利,能頑強地堅持自己的志向,冷靜地看待自己的才幹,等待時機,創造條件,以待有用之時。要知道,人才的埋沒或者損毀,外界固然有責任,自己的責任也不小。

隱居之樂樂逍遙

封建時代的皇帝，至高無上，權大無比，甚至可以爲所欲爲，這好像再快樂也不過如此了。其實，皇帝並不快樂。

東坡先生就認爲隱居之樂勝過南面之樂。什麼是南面之樂呢？古代君主臨朝聽政時，都是坐北朝南，南面之樂就是君主之樂。隱士自由自在，君主看似自由，卻有許多羈絆。君主哪有隱士快樂呢？

就拿養鶴和飲酒這兩樣事來說吧！隱士或者尋常百姓養鶴是一種雅趣、一種愛好，一般來說，有益無害，隨你喜歡，怎麼養都行。但君主就不能隨隨便便，甚至醉心於養鶴，因爲養鶴會亡國呢！據《左傳‧魯閔公二年》記載，衛懿公特別喜歡養鶴，讓鶴乘坐大夫規格的車子，享受公卿的爵位和俸祿。後來，當狄人來攻打衛國時，衛國的士兵都說：「鶴有祿位，派鶴去打吧！我們哪裡會打仗呢？」最後，衛國被狄所滅。看來，普通人縱情隨性影響不大，君主玩物喪志就可能殃及整個國家。

再說酒，這杯中之物君主可是貪不得，如果君主喝得醉醺醺地臨朝聽政，沒有不誤事的，我們從來還沒有聽說過沉湎酒色的君主能使國家強盛、天下太平的。但同樣是酒，換成普通人喝，卻也能使人保全眞性。據《世說新語》上所說，名士劉伶常常帶一壺酒，坐著鹿車出遊，他還讓僕人帶鋤跟著他，說：「如果我醉死了，就把我埋了。」詩人阮籍則用飲酒逃避世事，晉文帝想同阮籍結親家，阮籍大醉六十天，使這件事不了了之。

看來君主並不能隨心所欲，權力越大，地位越高，責任也越大，當然顧忌也越多。有人寫了一篇題爲《假如他們不當皇帝》的文章，說的是中國歷史上一些被稱爲「昏君」的皇帝，其實他們都是很有才華的，如果不當皇帝，而在他們所擅長的領域

隱居之樂樂逍遙

施展才華，歷史也許會給他們一頂桂冠也說不一定。比如說唐僖宗李儇，他一天到晚踢球，是一個不錯的運動員；後唐莊宗李存勗，他一心唱戲，是一個有天份的戲劇演員；南唐後主李煜，他詩文書畫音樂樣樣精通，詞寫得尤其好，那首「一江春水向東流」就是出自他的手筆；還有宋徽宗趙佶，他擅長書畫，「瘦金體」書法自成一家，別有風格。這些「昏君」都有特殊的才華，可是卻不能自由發展，哪有什麼快樂可言？結果徽宗當了俘虜，李煜丟了江山，最後被鴆毒而死，難怪東坡先生認為隱居之樂勝過南面之樂。

生活智慧 君主至高無上、權大無比，但身繫社稷安危，不可輕舉妄動、任情逍遙，反而不如隱士，自由又快樂。

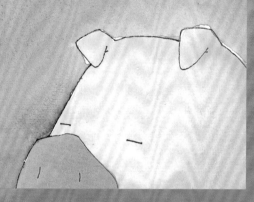

進退自若不強求

大自然有晴天、有雨天、有寒冬、有暖春；人生也一樣，有順遂、有困厄、有歡樂、有哀愁，人生不可能一帆風順、萬事如意。東坡先生說：「我將自己整個都交付給了老天爺，聽其運轉，順流而行，遇低漥就止，這樣不管是行，還是止，都沒有什麼不好的了。」

東坡講進退自若不強求，莊子主張窮通皆樂，其實，這兩者是同一種人生哲學。進退是指一個人主觀的態度和行動，窮通是指人實際的境遇。窮，既是生活上的貧困，又是政治上的失意；通，既是指生活上的富足，又是指仕途上的得意。莊子認為，凡事順應境遇，不去強求，才能過著自由安樂的生活，這樣看來，進退是人處窮或處通時的行為。東坡認為，人只有安於時代的潮流，聽任自然的法則，才能進退裕如、窮達皆樂。

人生進也好，退也好，都要適時而變，不強求。一般來說，人望高，水望低。誰不想出人頭地？誰不想轟轟烈烈過一生呢？人們大都不甘於平凡，總覺得人生如果太平凡、太普通，那就太沒有意思了！尤其是年輕人，更是珍惜一生難再的青春，總想在人類的歷史上留下一點痕跡。古代甚至有人立下豪語：「要不名垂千古，否則遺臭萬年。」

但是，古往今來，普天之下，還是平凡的人生遠多於非凡的人生。實際上，要做一個非凡的人很難，要安於做一個平凡的人也不容易。人品萬殊，絕大多數的人只能平平凡凡、普普通通過一生，只有極少數的人才能叱吒風雲、留名青史，做一個不朽的非凡人。

平凡的人生不見得好，也不見得不好；非凡的人生，也無所謂好與不好。一個人如果看得破、看得透，做一個平凡的人正好樂得自在。如果一個只能平凡過日子的人想要非凡過一生，無異是自討苦吃，就像一位作家所說的，猴子爬得越高，尾部又禿又紅的醜相就越加顯眼。

西班牙諺語說：「幹什麼事，成什麼人。」人的尊卑，不靠地位，不由出身，只看自己的成就。現在的人說：「是什麼料，充什麼用。」假如是一個蘿蔔，就力

求做個水多肉脆的好蘿蔔；假如是棵白菜，就力求做一棵結結實實的包心大白菜。相反地，一枝野菊花，硬想成為國色天香的牡丹，那就只能白費力氣，枉添煩惱了。

所以，蘇東坡說人要「知命」，也就是說，人一方面要盡力，一方面也要順乎自然，不做徒然的抗爭。平凡的人生是最真實的人生，一個人能安於平凡，又盡力而為，努力不懈，這樣的人既有知足的快樂，又有追求和成功的喜悅。

人要怎樣過一生呢？要懂得進退自若不強求。

生活智慧　人們大都不甘於平凡，總覺得人生如果太平凡、太普通，那就太沒有意思了。但是，古往今來，普天之下，平凡人遠多於不平凡的人。事實上，一個人如果看得破、看得透，做一個平凡的人正好樂得自在。

廣泛學習，謹愼使用

東坡先生在《稼說》中勸勉友人，學習任何事物要「博觀而約取，厚積而薄發」。這句話的意思是說，學習知識要廣泛地瀏覽，選擇精要的東西鑽研，進而吸收消化；對知識要深厚地積累，然後慎微地使用。

首先讓我們來談談博觀而約取。就讀書來說，只要初通文墨的人，總會讀讀書、看看報。上了大學、研究所以後，真正想做學問的也有，但成功的不多。人們總這樣認為：勤奮就會有收穫，這很有道理，但又不全是這樣。有的人，忙忙碌碌，最終無所作為；有的人，因為讀書的緣故，眼睛高度近視，但卻沒有什麼真功夫；有的人，上知天文，下知地理，內懂心理，外懂兵法，武俠言情如數家珍，金氏紀錄倒背如流，這樣的人，聊聊天可以，說學問，那就談不上了。

一個人如果想在某方面有點成就，那就還得在「博」的基礎上「約」，在「泛」的基礎上「專」。古今中外的文章典籍浩如煙海，作為休閒，或者瞭解一些生活的常識，五花八門的書都得看一點，但要想專精某個領域，甚或有所創新，就得在那方面多花功夫、多學習、多吸收，在實踐中，多思考、多探索。

再來讓我們談談厚積而薄發。東坡先生主張在知識有了深厚的累積之後，再加以靈活的運用，或者創新。事實上，這個「厚積」，可以是書本知識的累積，也可以是人生經驗、智慧的累積，前者是死的，後者是活的，兩者都不可或缺。而「薄發」呢？這個「發」，可以是著書立說，可以是文藝創作，也可以是其他的發明創新。厚積而薄發，這才是真功夫、真本事。

在現實人生中，人們由於急功近利的緣故，顧不得本身的實力，而想早點成名成家。書還沒有讀幾本，就開始寫書，因為基礎不穩固，蓋起來的房子也就容易倒塌，寫出來的書也難以受時間的考驗。有些人的處女作就是成名作，在這之後也就沒有多大發展了，形成這種「江郎才盡」的原因可能很多，但有一點是共同的，那就是累積的不夠，之後又不加以補充，稍有名氣，外務變多，應酬不斷，同時約稿紛紛而來，只好不停地寫。生活的累積就那麼一點，智慧的庫存本來就不多，只寫不讀、只出不進，當然是每況愈下。

有些作家，身世坎坷，中年成名，但才思如大河決口，一發不可收。這最重要的原因是，他們人生的路走得長些，酸甜苦辣嚐得多些，底子肥厚，苗兒才會茁壯成長。寫作不是雕蟲小技，它是人生的大智慧，這智慧是從生活的磨難中得到的。

東坡先生講厚積薄發，讓人思考到一個問題：著作等身，不表示滿腹經綸。有的人一輩子著書而不立說，書中沒有自己獨到的見解，也看不到智慧的閃光。有的人說的少，寫的更少，但每一句話都有它的道理，每一行字都有他的見識。老子一輩子只留下一本書，就是《老子》，就篇幅而言，只有五千字，不及一篇長文，但真正是一篇厚積薄發的精品，其中的思想、智慧、體驗，博大而精深，時隔幾千年，不僅中國人受益，外國人也不得不佩服。

廣泛學習，謹慎使用

生活智慧

　　一個人如果想在某方面有點成就，那就得在「博」的基礎上「約」，在「泛」的基礎上「專」。古今中外的文章典籍浩如煙海，作為休閒，或者瞭解一些生活的常識，五花八門的書都得看一點，但要想專精在某個領域，甚或有所創新，就得在那方面多花功夫、多學習、多吸收，在實踐中，多思考、多探索。

道，可遇而不可求

天空如洗，遠山如黛。世界看似那樣的明白，又是那樣的幽玄。

天有天道，地有地道，人有人道。蘇東坡也談道。

蘇東坡是一個對人生有自己獨到見地的人，不論是做人、當官、寫詩或養生，他都有自己的一套道理。東坡的思想比較複雜，儒、道、佛雜融，但以儒家爲主，而道家思想對他的影響也很大。事實上，東坡談「道」，更近於老莊，他說的「道」，大多指的是自然、生活的規律，以及人們對這種規律的深刻體悟和捕捉。自然規律與人的本性高度融合，就是道的境界。

東坡認爲道可致而不可求，道是自然而至的，不可強求，這和我們常說的「可遇而不可求」有些相似。東坡拿太陽來作比方，他說：「天生的瞎子不知道太陽是什麼樣兒，就去問明眼人。有人告訴他說：『太陽的形狀像個大銅盤。』瞎子使勁兒敲銅盤，記住了它的聲響。後來有一天他聽到鐘聲，鐘聲和銅盤聲差不多，他便以爲鐘就是太陽。又有人告訴他說：『太陽光跟蠟燭光差不多。』他摸到一根蠟燭，記住了它的形狀。過了沒幾天，他摸到一根笛子，以爲這就是太陽了。」

太陽與鐘、笛子的差別當然是很大的，但瞎子看不見，求之於人，結果還是沒能弄清它們的差異。道，難見的程度遠遠超過太陽，在還沒有明白「道」時，人跟瞎子是沒兩樣的。就算由眞正的悟道者藉巧妙的比喻告知，其效果恐怕也難以超過用盤子和燭光來比喻太陽，況且，再巧妙的比喻也不過是比喻罷了。

所以，一般談論道的人，或只就他所見到的那一部分稱之爲道，或根本就沒有看見道，而只憑主觀的臆測，這都是勉強求道的弊病。那麼，道是不是不可求呢？在我看來，正是這樣，道可致而不可求。

人生的眞諦就是這樣，當你刻意追求時，偏偏越離越遠；當你順其自然時，又不期然而至。

蘇東坡說的「道」，大多指的是自然、生活的規律，以及人們對這種規律的深刻體悟和捕捉。自然規律與人的本性高度融合，就是道的境界，而這個「道」是自然而至的，不可強求。

蘇東坡，你在說什麼？

虛假的朋友就像自己的影子

東坡生性率眞隨和，三教九流都喜歡交往，他的妻子王弗時常提醒他。王弗認爲在人際關係中對兩種人應特別保持警惕：一種是見風使舵、投其所好的人，這種人說話時含含糊糊，態度模稜兩可，又善於察言觀色，一味迎合對方的心意。另一種人，結交朋友過於輕率，這種人，來得快，去得也快。東坡認同妻子的話，並把它寫進《亡妻王氏墓誌銘》。

常言道：「烈火煉眞金，患難見知己。」又說：「路遙知馬力，日久見人心。」與人交往或交朋友應該是這樣的。那種投其所好、盡說好聽話的人未必是眞朋友，

當然，速成的交情也靠不住。莊子早已說過：小人之交甘若醴，君子之交淡若水。水沒有味道，但人永遠需要它，不會對它生厭。

一般來說，給予、奉獻要比接受、索取好些。施人以惠、予人以德總是善行，但蘇軾並不這麼認爲。眞正有道德的人如果要做善事，不能僅從自身的角度來考慮，不能只想到自己的方便和快適。君子如果要從別人那裡得到東西，一定要考慮到別人是不是可以給我；君子如果要送東西給別人，也要想一想對方是不是樂於接受。我很想要的東西，如果別人不願意給，是君子的話，就不要；反過來，我可以給別人的東西，對方無意或不能接受，就不要勉強對方。

君子的施與受施，既要考慮到自己，又要設身處地爲對方著想；要拿的東西，一定要對方樂意奉送；要給的東西，也一定要對方能夠接受，如果讓自己當君子，而使對方成小人，這君子也就和小人差不多了。

在生活中，我們可以看到這樣的情況，當某人夫妻不合、事業失敗或情感受挫時，大家會跑來關心、幫助，但這「關心」或「幫助」有真有假。有的人問長問短，目的是在探人隱私，滿足好奇心；有的人表現出不尋常的同情，這「同情」只不過是為了彰顯自己的善良罷了，同時還順帶炫耀自己的幸福；有的人給人小惠，為的是表現自己的大度和慷慨。

其實，身處逆境或遭逢不幸的人，雖然需要別人的理解、關心、撫慰和幫助，但必須是真心實意的，有時候，他們更需要靜靜地獨處，好好地思考一下，而旁人卻像灌藥一樣，不停地給他憐憫、同情和施捨，而這些可能是當事者最心煩、最不願接受的。真正的君子，要像東坡先生所說的，既要顧全自己，更要設想別人，不要為了善而做不善的事，為了義而行不義之舉。

虛假的朋友就像自己的影子

生活智慧

在真實生活中，常有「施」與「受」的情形，如何拿捏的恰到好處，可以說是一門學問。事實上，做起來並不十分困難，只要在施或受的時候考慮到，自己所要拿的東西一定要對方樂意奉送；自己要給的東西，也一定要對方能夠接受，這就不差了。真誠的友誼也是這樣，不需要特別的表白，就算長時間的不來往，也不會減損他們之間的友情。而虛假的朋友，來得快，去得也快，就像自己的影子，當你在光明中行走時，他緊跟著你；當你步入黑暗時，他已離你而去。

做事能夠忘我，成功指日可待

有一次，懷楚和尚給蘇東坡看兩本厚厚的佛經，這是九百年前的若逵和尚一筆一畫抄寫的。東坡一看，這浩大經典中的每一個字「如海上沙」、「如空中雨」，雖說字畫「無量」，卻筆筆「勻平」、字字「蕭散」。厚厚的經卷，竟能字字「平等若一，無有高下、輕重、大小」之差。東坡被這書法震撼了。若逵和尚如何能寫出這樣的書法呢？東坡的回答只有四個字「以忘我故」。

關於「忘我」，在科學史上有一件趣事。有一天，阿基米德在澡堂洗浴，邊洗邊思考著物理課題，終於從水溢出澡盆的現象中悟出了偉大的「浮力定律」。當他狂喜地奔到街上，大聲地喊叫著「我發現了」時，全身上下竟一絲不掛，這正是「忘我」的絕妙寫照。

東坡在《書晁補之所藏文與可畫竹》詩中說：

與可畫竹時，見竹不見人，
豈獨不見人，嗒然遺其身。
其身與竹化，無窮出清新。
莊周世無有，誰知此凝神。

文與可是大畫家，竹子畫得精妙無雙，東坡說他畫竹的時候，「凝神之極」，以至於看不見別人，甚至忘了自己的存在。他的心中只有竹子，別的什麼都忘記了，彷彿自己就是竹子。到了這般忘我的境界，竹子哪有畫不好的呢？

「見竹不見人」的境界，就是「忘我」的境界，是專心致志的最高境界。不論做什麼事，能這樣沒有不成功的。

蘇
東
坡
，
你
在
説
什
麼
？

　　忘我的境界不會從天而降，也不是神靈附身。它來自信仰與熱忱，它來自經久不捨的苦思和苦練。若逢抄經是這樣，阿基米德發現科學定律是這樣，東坡的表兄文與可畫竹也是這樣。當然，你在你的領域中要有所成就也要這樣。

靜靜等待時機，不可喪失信心

在一般人的心目中，明哲保身似乎是道家的活命哲學。其實，儒家執著人生、積極入世，它的背面就是：高蹈遠引、獨善其身。孔子的處世態度就是這樣，且反覆申述自己的觀點——

天下太平了，就出來工作；如果不太平，就隱居。政治清明，自己貧賤，是恥辱；政治黑暗，自己富貴，也是恥辱——《論語‧泰伯》。

倘若主張行不通，我想坐個小木筏到海外去——《論語‧公冶長》。

政治清明，就出來作官；政治黑暗，就把自己的本領收藏起來——《論語‧衛靈公》。

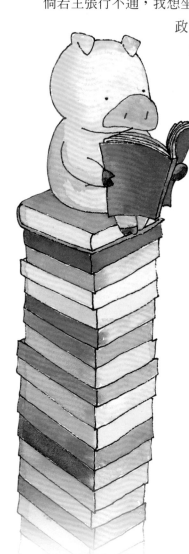

人生的經驗和教訓使東坡對孔子的立身恆言產生了共鳴。東坡在《烏說》中引述了孔子的話：「寧武子（衛國的大夫）在國家太平時節，便聰明；在國家昏暗時節，便裝傻。他那聰明，別人趕得上；他那裝傻，別人就趕不上了——《論語‧公冶長》。」

東坡認為如果人們都能像寧武子那樣，觀察時機而行動，哪裡還會惹上災禍呢？

西漢時也有一個能觀時而動，全身遠禍的人，這個人叫陳平，是漢高祖劉邦的重臣。高祖死後，呂后專權，凡是反對者，一律肅清，而且，呂后是一個非常殘忍的女人，為了讓呂氏一族統治天下，把劉邦的幾個兒子都處死了。陳平為了保身，只好表示贊同呂后的想法和作法，雖然心中不滿，表面上仍顯得很聽從的樣子，因為他知道稍有不慎，就會惹來殺身之禍。

呂后看到陳平順從，漸漸對他放心了，還把他從左丞相升爲右丞相。就這個樣子，陳平也還不敢稍懈戒心，他故意怠慢重要的政務，天天沉溺在酒色當中。這種奢靡腐爛的生活，與他過去精幹灑脫的作風，大不相同，但對呂氏來說，卻是很高興的事，只要陳平荒淫放蕩，不問政事，呂后就全然放心了。

　　陳平裝痴扮傻，只求保住性命，一心一意等待時機。呂后一死，他便果斷地站了出來，支持太尉周勃將軍，將呂氏一族殺的殺、抓的抓、趕的趕，政權又重新回到了劉家手中。如果不是陳平的忍辱偷生和深謀遠慮，一般人是很難辦到的。

　　有的時候，當人們處在逆境，或遭逢不幸時，掙扎往往徒勞無功。有的時候，對手過於強悍，愈掙扎，情況反而更糟，在這個時候，除了靜靜地等待時機外，沒有更好的辦法。不過，不論在任何時候、任何環境，我們都不可喪失信心、放棄希望。

生活智慧

　　有的時候，當人們處在逆境，或遭逢不幸時，掙扎往往徒勞無功。有的時候，對手過於強悍，愈掙扎，情況反而更糟，在這個時候，除了靜靜地等待時機外，沒有更好的辦法。不過，不論在任何時候、任何環境，我們都不可喪失信心、放棄希望，這就是遠禍的方法。

靜靜等待時機，不可喪失信心

求人不如求己

有一天，東坡與佛印和尚去參觀一座寺院。他們進入古剎的前殿，看到兩座兇猛的大神像，是鎮邪的門神。

東坡哂笑地問：「這兩尊菩薩，你看哪一個厲害？」佛印說：「那還用問，當然是拳頭大的厲害！」兩人相視而笑，信步走入內殿。

生性詼諧的東坡，見觀音菩薩手持念珠，又幽默地問：「觀音老母拿念珠幹什麼？」佛印回答：「他也學別人拜佛呀！」東坡緊追不捨，接著又問：「觀音救苦救難，神通廣大，他拜哪一個菩薩？」佛印笑答：「拜觀音菩薩呀。」東坡又問：「這是為什麼呢？他就是觀音菩薩，為什麼要拜自己呢？」佛印嘆道：「你知道，求人難，求人不如求己呀！」

這一問一答，妙趣橫生。「求人不如求己」看似玩笑話，實則蘊含了生活的真實體驗。東坡的幽默讓我們從平常的俏皮中看見了哲理。

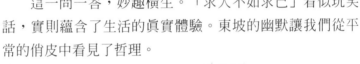

蘇東坡，你在說什麼？

 生活智慧　　中國古代文人的幽默，不僅表達了個人的情趣，也表現了某種深邃的思想，或者生活的哲理，就像夜空中的小星星，有它迷人的魅力。

三百六十行，喜好各不同

天生萬物，有美有不美，有才有不才，就人的志趣來說，也各不相同。《儒林外史》二十六回裡的王太太，津津樂道她在孫鄉紳家「吃一、看二、眼觀三」的席上坐首位，而一邊一個丫頭為她掠開滿臉黃豆大的珍珠拖，好讓她露出嘴來吃蜜餞茶。而《唐吉訶德》十一章裡的桑丘，卻不愛吃酒席，寧願窩在自己的角落裡，不裝斯文，不講禮數，吃些麵包蔥頭。

　　人各有志，不能強求。惠施是梁國的宰相，他很看重自己的這個寶座，生怕莊子搶了自己的位置，便到處搜捕莊子。莊子看到他的舉動，嘲弄地說：「老鷹抓到一隻臭老鼠，高興得不得了，看見鳳凰飛過，趕緊捂起來。難道鳳凰還稀罕這腐臭的老鼠嗎？」在莊子的眼裡，惠施的寶座也不過是一隻「臭老鼠」罷了。

　　有一句古諺：「千人千品，萬人萬相。各色人等，千差萬別。」人們的身分、經歷不同，個性、氣質有別，愛好、志向也各有差異。陽光底下找不到兩片絕對相同的樹葉，人也是一樣，不要以為別人都羨慕自己，自己也大可不必做別人的影子。

東坡說：「人持以己之不好，笑人之好，則過矣。」人各有志，不能因為自己不喜歡，而別人喜歡，就取笑他人。然而在實際生活當中，這樣相互瞧不起對方的人並不少見，像惠施那樣自以為是的人也多得很。有些人總是以自己為中心，以自己的美醜為天下的美醜，以自己的好惡為天下的好惡。就拿工作或職業來說，當官的，有權有勢，自以為了不得，看別人都是低頭俯視；搞藝術的，留著大鬢角，一臉絡腮鬍，一副瀟灑不羈的才子形象，自以為超凡不俗；暴發的地主，則財大氣粗，以為自己的本事大得很，教授算什麼，一個月的收入還不夠我嚼檳榔呢！如此等等，不一而足。

事實上，行業三百六，愛好千萬種。農民種地，工人做工，作家寫作，科學家做研究……社會分工不相同，個人成就有大小，但就其本質來說又有多大的區別呢？它們都不過只是人們謀生的手段罷了。名垂青史、功蓋千秋，古往今來有幾人？所以說，作家在格子上耕耘，農民在土地上耕耘，教師在黑板上耕耘，誰高誰低難以區分，也沒有必要區分。人各有志，要懂得彼此尊重。

人們的身分、經歷不同，個性、氣質有別，愛好、志向也各有差異。陽光底下找不到兩片絕對相同的樹葉，人也是一樣，不要以為別人都羨慕自己，自己也大可不必做別人的影子。

自尋煩惱，永遠都有煩惱

有一個和尚，每次坐禪的時候都幻覺有一隻大蜘蛛在跟他搗蛋，用盡了方法也趕牠不走，不得已，他把這件事情告訴他的師父，師父教他下次坐禪時準備一枝筆，等蜘蛛來了，在牠身上畫個記號，看牠來自何處。和尚遵照所囑，在蜘蛛身上畫了一個圓圈，蜘蛛走後，和尚安然入定，當和尚做完功課一看，那個圓圈就在自己的肚皮上。

　　原來，許多我們自以為是別人或外在的過失，毛病竟在自己身上。

　　當然，這種來自自身的困擾不易為我們所察覺，更難「用筆圈定」。

　　天下本無事，庸人自擾之，自尋煩惱的事確實不少見。

　　就像鄒忌本人長得帥又好看。有一天早上，他穿好衣服，站在鏡子前，問他妻子：「妳看，我和城北的徐先生相比，哪一個比較漂亮？」妻子回答說：「你好漂亮，徐先生怎麼比得上你呢！」其實，這位徐先生是齊國出了名的美男子，鄒忌自己也不相信比得上人家。所以第二天他又問他的妾：「我和徐先生比，誰比較美？」得到的回答是：「徐先生哪有您美呢？！」第三天，家裡來了一位客人，鄒忌又問：「我和徐先生相比，誰美？」客人還是回答：「當然是你啦！」

　　過了兩天，徐先生來了，鄒忌仔仔細細地打量他一番，又認真地審視鏡子中的自己，最後他還是覺得徐先生比自己漂亮得多。

　　為了這檔子事兒，鄒忌反覆思量：「明明我不如徐先生，為什麼他們硬說我美呢？原來是這樣的，妻子說我美，是她對我的偏愛；妾說我美，是她怕我；客人說我美，是他有求於我！」

自尋煩惱，永遠都有煩惱

客觀地對待自己，公正地評價自己的優劣長短，鄒忌眞可以說是一位懂得自省的人。當然，也不是所有的責任都全在自己，但外因畢竟只是條件，內因才是根本。就像「民不畏死，奈何以死懼之」，一個人若不求長命百歲，自然對死就不那麼恐懼了；一個人若不求大富大貴，自守清貧也就怡然自得了；一個人若不想出人頭地，沒沒無聞也就甘之如飴了。

生活智慧

在日常生活中，人們總免不了有一些煩惱、困擾，有些煩惱來自外界，必須正視，有些困擾源自內心，那就是自尋煩惱了。一個連自己都控制不住，連自身困擾都克服不了的人，修身養性只能說說而已，哪能奢談功名業績？！一般來說，當局者迷，旁觀者清，但有許多時候，旁觀者或礙於情面，或考慮到利害，或顧及彼此的關係，往往心中「清」而嘴上「迷」，嘴裡講的不是心裡想的，這個時候當局者就要好好地思考和分析了，否則輕易地相信別人，迷上加迷，就執迷不悟了。

忍受小屈辱，
　　成就大事業

《史記‧淮陰侯列傳》裡記載，韓信年輕的時候家裡很窮，自己又不會謀生，常常四處遊蕩，向人討飯吃。一天，韓信在街上逛，被一個殺豬佬的兒子瞧見了。這小人見韓信一副寒傖樣，就想欺侮人。他來到韓信的面前，故意挑釁說：「你這麼大的個子，腰裡還掛著刀呀劍的，好像有多大的能耐！實際上，膽子還沒有兔子大。」這小子吵吵鬧鬧，很多人圍上來看，他更來勁了。當眾侮辱韓信說：「你有本事，不怕死，就用你的寶貝劍把我殺了；如果膽小怕死，就從我的胯下鑽過去！」說著，還真的叉開雙腿，露出一副街頭小流氓的無賴相。韓信看看這小子，搖搖頭，嘆口氣，就俯下身子，從他的胯下爬了過去。圍觀的人哄堂大笑，都以為韓信是個膽小鬼。

後來，韓信受到劉邦的重用，拜為大將軍，帶領千軍萬馬向北進攻。在和趙王的決戰中，韓信只有幾萬人，而趙王有二十萬人馬，但韓信毫無懼色，背水一戰，結果滅了趙國。韓信屢建戰功，被劉邦先封為齊王，又封為楚王。路過家鄉時，韓信派人把那個殺豬佬的兒子找來，那小子這下子可嚇得膽戰心驚，以為非死不可。韓信不但沒殺他，還給了他一個小官做，並且對手下的將官說：「我不但現在可以殺了這個人，當年我也可以殺死他，但我想了一想，殺人要償命，如此一來，我怎麼建立大丈夫的功業呢？千萬不能因小失大，所以忍下這口氣，不然，我怎麼會有今天呢？」

韓信忍小辱而最後成大志。隱忍，有時並不是膽小、怯懦；隱忍，既要戰勝自我，消除受辱時的復仇心理，又要戰勝別人，不顧世俗的欺視，這又何嘗不是一種勇敢呢？忍，天下之大勇。

生活智慧

　　上帝要毀滅一個人，一定先使他瘋狂。一個人除非先控制了自己，否則他無法控制別人。一個能戰勝自我的人，才有可能克敵制勝。讓我們學習韓信的「忍」，唯有忍小辱，才能成大志，讓我們以此自勉！

永遠的東坡

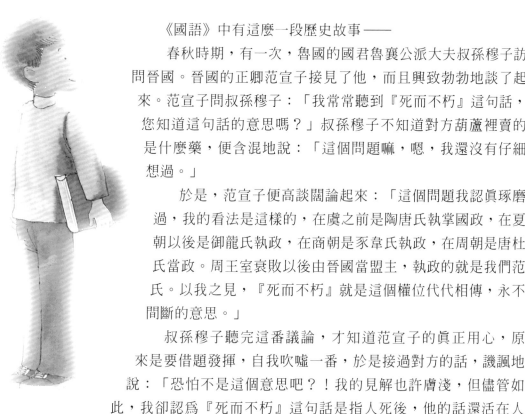

《國語》中有這麼一段歷史故事——

春秋時期，有一次，魯國的國君魯襄公派大夫叔孫穆子訪問晉國。晉國的正卿范宣子接見了他，而且興致勃勃地談了起來。范宣子問叔孫穆子：「我常常聽到『死而不朽』這句話，您知道這句話的意思嗎？」叔孫穆子不知道對方葫蘆裡賣的是什麼藥，便含混地說：「這個問題嘛，嗯，我還沒有仔細想過。」

於是，范宣子便高談闊論起來：「這個問題我認真琢磨過，我的看法是這樣的，在虞之前是陶唐氏執掌國政，在夏朝以後是御龍氏執政，在商朝是豕韋氏執政，在周朝是唐杜氏當政。周王室衰敗以後由晉國當盟主，執政的就是我們范氏。以我之見，『死而不朽』就是這個權位代代相傳，永不間斷的意思。」

叔孫穆子聽完這番議論，才知道范宣子的真正用心，原來是要借題發揮，自我吹噓一番，於是接過對方的話，譏諷地說：「恐怕不是這個意思吧？！我的見解也許膚淺，但儘管如此，我卻認為『死而不朽』這句話是指人死後，他的話還活在人們的心中，他的名聲不會死去。而你方才講的那一套全是些權位、世祿、食邑，這些東西與『不朽』毫無關係！我們魯國的先大夫臧文仲，雖然已經死去多年，可是他治國安邦的言論至今還被後世傳誦，這才是死而不朽的真正含義。」

顯然，叔孫穆子的見解更能道出人生不朽的真諦，功名富貴如白雲蒼狗，唯有精神和文章與世長存。宋代有多少皇帝，蘇東坡卻只有一個，而今天又有多少人能記住這些皇帝的名字呢？

聽說西湖煙霞洞原來有一尊財神爺的石像，天長日久風化了，連神的面目也看不清楚。清代的時候，有人把這尊石像改刻成東坡像，結果呢？神態逸然，經久不蝕。有人為此寫了一副對聯：

真如錢可通神，山座巍然，何不與煙霞終古。
石也有時變像，東坡先矣，莫非是香火前緣。

其實，永遠的東坡又豈是「香火前緣」？

生活
智慧
　東坡的一生，有過短暫的輝煌與顯赫，但綜觀他幾十年的人生，卻是風風雨雨，坎坎坷坷。東坡的人生，荊棘多於鮮花，磨難遠超過安適，可是東坡的人格精神永遠的活在世世代代人們的心中。

106-□□
台北市新生南路3段88號5樓之6

揚智文化事業股份有限公司　　收

□□□-□□
地址：　　　市縣　　鄉鎮市區　　路街　段　巷　弄　號　樓
姓名：

Leaves
Publishing

 書號 L1006　　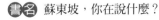 書名 蘇東坡，你在說什麼？

葉子出版股份有限公司

讀·者·回·函

感謝您購買本公司出版的書籍。
為了更接近讀者的想法，出版您想閱讀的書籍，在此需要勞駕您詳細為我們填寫回函，您的一份心力，將使我們更加努力！！

1. 姓名：＿＿＿＿＿＿＿＿

2. E-mail：＿＿＿＿＿＿＿

3. 性別：□ 男 □ 女

4. 生日：西元＿＿＿＿年＿＿＿＿月＿＿＿＿日

5. 教育程度：□ 高中及以下 □ 專科及大學 □ 研究所及以上

6. 職業別：□ 學生 □ 服務業 □ 軍警公教 □ 資訊及傳播業 □ 金融業
　　　　　□ 製造業 □ 家庭主婦 □ 其他＿＿＿＿

7. 購書方式：□ 書店 □ 量販店 □ 網路 □ 郵購 □書展 □ 其他＿＿＿＿

8. 購買原因：□ 對書籍感興趣 □ 生活或工作需要 □ 其他＿＿＿＿

9. 如何得知此出版訊息：□ 媒體＿＿＿＿ □ 書訊 □ 逛書店 □ 其他＿＿＿＿

10. 書籍編排：□ 專業水準 □ 賞心悅目 □ 設計普通 □ 有待加強

11. 書籍封面：□ 非常出色 □ 平凡普通 □ 毫不起眼

12. 您的意見：＿＿＿＿＿＿＿＿＿＿＿＿＿＿＿＿＿＿＿＿＿＿＿＿＿
　　＿＿＿＿＿＿＿＿＿＿＿＿＿＿＿＿＿＿＿＿＿＿＿＿＿＿＿＿＿＿

13. 您希望本公司出版何種書籍：＿＿＿＿＿＿＿＿＿＿＿＿＿＿＿＿＿

☆填寫完畢後，可直接寄回（免貼郵票）。
　我們將不定期寄發新書資訊，並優先通知您
　其他優惠活動，再次感謝您！！

Leaves
Publishing

根
以讀者為其根本

莖
用生活來做支撐

葉
引發思考或功用

果
獲取效益或趣味